KB248765

_____ 님께

드립니다 _____

_____ 년 ____ 월 ____ 일

어떻게 삶을 주도할 것인가

하루하루의 삶을 희망과 설렘으로 바꿀 수 있는
당신만의 인생 나침반을 가져라.

어떻게 삶을 주도할 것인가

이훈 지음

모아북스
MOABOOKS

인생경로를 돌아볼까요?

나의 삶을 주도할 수 있는 꿈이 없다면,
타인을 위해 살아가는 허망한 인생일 뿐이다.

우리 인생은 두 종류 삶이 있다. '상품 인생'과 '작품 인생'.

'상품 인생'의 가치 평가는 타인이 내리고, '작품 인생'의 가치는 본인 스스로 내린다. 그래서 전자의 삶은 늘 타인의 시선을 의식하고, 후자는 늘 자신의 목표를 직시한다.

그렇다면 당신은 지금 어떤 인생을 살아가고 있는가?

안타까운 현실이지만, 대다수 사람들은 본인 스스로 상품화가 되는 것을 주저하지 않는다. 취업을 위해 타인이 제시하는 조건에 나를 키우고 줄인다. 심지어 나의 기질까지도 가면 속에 숨기는 연극도 서슴지 않는다. 그 어색한 연극은 퇴근 시간이 되어서야 비로소 막을 내리고 나는 내가 된다. 영원한 미생(未生)의 반쪽 인생이다.

필자는 이 책을 통해, 여러분의 반쪽 인생이 하나의 온전한 인생으로 거듭날 수 있기를 바란다.

더 명확히 이야기하자면, 처음부터 제대로 된 삶의 구상을 통해 완전한 '작품 인생', '명품 인생'을 만들어 가는 데 도움이 되고자 하는 간절한 소망을 이 책에 담고 있다.

그래서 이 책에는 벼락치기식 성취, 인스턴트식 성공법에 대한 내용은 없다. 그러한 것들은 모두 신기루 혹은 거짓에 불과하기 때문이다. 동정이나 위로 그리고 현실 도피적인 마음을 옹호하여 현실과 타협하고, "인생은 그런 거야"라고 생각하는 나약함에 동조할 생각도 전혀 없다.

인생은 계획하고 도전하여 성취하는 것이다. 작품 인생을 살기 위해서는 명확한 자기정체성을 바탕으로 분명한 비전과 목표를 정하고, 체계적이고 합리적인 실행 시스템으로 자기 삶을 스스로 경영할 수 있어야 한다. 여기에 효과적인 과정관리와 피드백이 더해져 차근차근 완성되어 가는 노력의 과정이 바로 작품인생의 여로(旅路)다.

〈어떻게 삶을 주도할 것인가〉는 비전 전략과 변혁 메커니즘이 융합된 자기경영 지침서다. 필자가 경험한 죽음 체험을 통해, 삶의 의미를 재발견한 것과 인생을 효과적으로 경영할 수 있는 구체적인 방법들이 제시되어 있다. 그래서 이 책은 일반적인 이론서가 아닌 행복의 깊이와 성취의 폭을 넓힐 수 있는 구체적인 비전 실천서다.

그 방법으로 비전수립과 실천전략, 실제 적용의 내용을 「북,동,남, 서」네 방향으로 제시했다.

북(North) : 나만의 북극성 만들기(Vision Making)

동(East) : 비전의 아침 맞이하기(Success Strategy)

남(South) : 매일 열정적으로 살아가기(Success Mechanism)

서(West) : 생각하며 감사하며 배우며(Feed-Back)

각각의 방향에서 나의 명품인생을 위한 키워드를 따라 필요한 방법을 순차적으로 익히고 체화할 수 있게 구성했다. 그래서 이 책은 목차에 따라 순서대로 읽는 게 좋다.

본문에서는 가장 먼저 '나에 대한 고찰'을 화두로 전개한다. 이를 바탕으로 '나만의 비전과 목표'를 설정하게 된다. 또 이를 실현할 수 있는 실천 전략을 삶의 6가지 범주별로 수립하는 과정을 거치고, 이 실천 전략을 '습관화' 할 수 있는 툴(Tool)을 제시한다.

결국, 내 일상생활 자체가 비전과 목표를 이루는 실천의 장(場)이 되어 하루하루가 가슴 뛰는 삶으로 변화하게 된다.

프롤로그

자기경영이 지향하는 명품인생의 목표는 막연한 '성공'이 아니라 명확한 '가치'이다. 맹목적인 '돈', '명예', '권력의 획득'이라는 '영혼 없는 성공'이 아닌, 나의 정체성 그리고 나의 꿈과 비전을 나만의 방식으로 영위해가는 '가치있는 인생'을 지향한다. 내가 원하는 인생, 내가 만족하는 인생이 그 목표다. 스스로 뿌듯한 성공스토리를 간직한 감동 있는 인생을 만들어 가는 것이다.

그 과정에는 성취도 있고 보람도 있을 것이다. 물론 좌절과 실수도 하나의 과정이 될 것이다. 하지만 환경에 휘둘리지 않을 뚜렷한 인생철학과 비전이 정립되기에 나의 삶은 전진을 멈추지 않는 추진력을 얻을 것이고, 실수가 실패로 이어지지 않을 복원력을 갖게 될 것이다.

내 인생에 최선이라는 태도로 예를 갖추고, 가치창출로 자존감을 높이며, 주위 사람들과 함께 행복을 공유하는 인생이 정말 성공한 인생이 아닐까. 천하를 다 얻고도 내가 그 삶의 주인공이 될 수 없다면 무슨 의미가 있겠는가.

'나의 정체성'을 바탕으로 한 '행복한 성취와 삶의 보람'이 〈어떻게 삶을 주도할 것인가〉에서 말하는 행복한 성공이다.

이 세상의 모든 사람들이 최고의 지위나 명예를 다 얻을 수는 없다. 하지만 마음먹기에 따라 내가 꿈꾸는 만족할 만한 삶은 얼마든지 만들어 갈 수 있다. 꿈꾸는 인생, 목표가 있는 인생은 아름답다. 그리고 그 꿈을 향해 한발 한발 꾸준히 나아가는 삶은 그 자체가 행복한 인생 여로(旅路)이자, 한 편의 인생 드라마로서 진한 감동이 있다.

그렇기 때문에 내 삶의 주연(主演)은 반드시 '내'가 되어야 한다. 뚜렷한 삶의 철학과 비전을 가져야 한다. 가슴 뛰는 성취를 향한 목표도 분명해야 한다. 그게 없으면 다른 사람들의 비전에 따라 움직이는 인생, 내 삶에서조차도 영원한 조연(助演)으로 남게 된다.

당당히 '나'를 표현하고, 주위의 사람들과 행복을 공유하며, 내가 소망하는 비전과 목표를 성취해 가는 삶, 그래서 하루하루의 아침이 설렘으로 시작되는 삶, 매 순간 감사할 일만 이어지는 행복한 삶……. 바로 그 축복된 명품 인생을 향한 여행을 함께 떠나 보자.

이 훈

차 례

3장. 남(South) : 매일 열정적으로 살아가기
(Success Mechanism)

4장. 서(West) : 생각하며, 감사하며, 배우며(Feed-back)

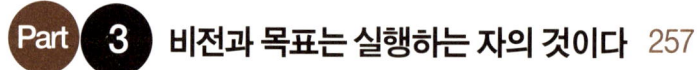

1부

삽질하지 말고
지렛대를 찾아라

1. 출세를 꿈꾸다

●
●

　어릴 때부터 우리는 '성공'을 인생 최대의 목표로 삼는다. 하지만, 성공에 대한 의미도 모른채 막연히 부자가 되는 것, 높은 지위에 오르는 것 또는 남들이 부러워하는 직업을 갖는 것을 성공이라 생각하기 마련이다. 그 기준도 명확치 않으니 애초부터 사람들이 말하는 성공은 막연한 바람을 담은 휘발성 단어에 불과하다.

　'넌 나중에 커서 뭐가 되고 싶니?'
　이 질문에 전라남도 시골 벽촌에서 유년시절을 보냈던 필자도 예외없이 성공의 이름표를 붙일만한 직업을 하나의 목표로 삼았다.
　그 직업은 '대통령'.
　이 직업을 목표로 정한 것은 여섯 살 때였다. 이유는 불쌍한 사람들을 많이 돕고 싶다는 갸륵한(?) 생각에서다. 당시 벽촌에는 거지들도 있었고, 가끔씩 한센병 환자들도 동네 어귀에서 마주치곤 했었다. 비참한 그들의 모습이 어린 마음에 걸렸던 모양이다.

당시 초등학교 교사이셨던 아버지께 물었다. "아버지, 불쌍한 사람들 많이 도와주려면 어떤 사람이 되어야 해요?" 아버지는 대수롭지 않게 대답하셨다. "대통령 해라. 그럼 많은 사람들을 도와줄 수 있지." 그렇게 내 꿈은 대통령이 됐다.

그 후부터, TV에 비친 대통령의 모습이 눈에 쏙쏙 들어오기 시작했다. 박정희 대통령의 강직한 모습과 함께 그 주위를 맴돌던 고위직 관료들과 수행원들의 모습이 뇌리에 깊이 간직되었다. 마치 대통령의 눈짓과 몸짓 그리고 표정 하나 하나에 따라 이 나라 전체가 움직이는 것만 같았다. 어린 눈에 비친 대통령이라는 사람은 천하를 한 손에 거머쥐고 천하를 호령하는 통치자의 강인한 모습으로 내게 각인되었던 것이다.

사회적 지위와 함께 막강한 권력자인 대통령이 된다면 이게 바로 진정한 성공이 아닌가. 역대 대통령들이 그 자리를 위해 어떠한 과정을 겪었으며 또 그 과정에서 수많은 난관들을 어떻게 극복했어야 했는가는 이미 대통령을 마음에 담은 내게 그리 중요한 문제가 아니었다. 할 수 있는 모든 수단과 방법을 동원해서라도 그 성공을 거머쥐고 싶었다.

도움이 필요한 사람들에 대한 연민으로 시작되었던 대통령이라는 어린시절의 막연했던 직업이 시간이 흐름에 따라, 일국의 최고 통치자로서의 화려한 이미지로 재정립될 무렵, 한 집안의 아들로 태어나 남부럽지 않은 성공을 해보고 싶다는 야망으로 자라났다.

　이 꿈은 죽음을 경험한 스물 세살까지 지속되었다. 나름대로 이 목표를 위해 초·중·고와 대학에서 계속 단체의 리더 역할을 감당하며 꿈을 실현할 기회가 주어지기를 기다렸다. 남들도 다 하는데 나라고 못하겠냐는 생각으로 꿈에 대한 열정을 활활 불태우던 청년 시절이었다.

2. 죽음의 골짜기에서 새 생명을 얻다

대한민국 남자라면 누구나 꼭 한 번은 넘어야 하는 관문이 있다. 신체 건장한 남자라면 피해 갈 수 없는 곳이 바로 군대다.

'남자는 군대에 갔다 와야 철이 든다.'

예나 지금이나 사람들이 변함없이 하는 말이다. 처음에는 군대에 가는 남자에게 위로의 말로 들려주는 단순한 이야기인 줄 알았다. 그런데 적잖은 남자들이 군대에 다녀 온 후 자신의 인생관을 다시 설계하는 모습을 많이 볼 수 있었다.

당시 재학 중이었던 대학교에서도 복학한 예비역 선배들이 공부에 쌍불을 켜는 것은 정규 코스였고, 복수 전공으로 스펙을 넓히는 일도 잦았다. 다니던 대학을 아예 그만두고 다시 시험을 쳐서 다른 대학에 입학하기도 했다. 심지어 학업을 포기하고 새로운 기술을 배워 전혀 색다른 길을 개척하는 사람들도 있었다. 이렇듯 군대는 때때로 삶의 큰 전환점이 되곤 했다.

나 역시 군대 생활을 하는 동안, 인생의 큰 전환점을 맞이했다. 그것은 단순한 변화 차원이 아닌 이 때까지의 모든 삶을 송두리째 바꿔 놓는 대대적인 변혁이었다. 나름대로 이유는 있었으나 막연했던 꿈, 나의 정체성과 재능을 간과한 직업 선택 그리고 무엇보다도 흐릿했던 미래의 삶에 대한 지표를 명확하게 발견하게 된 계기를 군대에서 맞게 된 것이다.

나는 25년 전, 강원도 간성에서 군 복무를 했다. 연대 군수과에서 군수 물자에 관한 보급 및 관리를 담당했다. 군대에 다녀온 남자들이라면 웬만큼 알겠지만, 군수 물자는 식량부터 시작해 의복, 유류, 공공자재에 이르기까지 군대에서 쓰는 거의 모든 물품을 일컫는다. 특히 피복, 장구류, 부식, 유류 등 국방부 마크가 찍힌 군수 물자들은 무엇보다도 재고 관리에 어려움이 많았다. 재고가 안 맞거나 관리가 제대로 안 되어 있으면 속된 말로 검열 때 죽도록 '깨진다.'

따라서 군수과에 복무하는 군인들은 검열을 대비한 군수 물자 관리에 촉각을 세우느라 밤을 새는 일도 많았다. 그러다 보니 자연스레 스트레스가 쌓이고 피로가 누적되어 몸살을 앓게 되는 경우도 적잖이 있었다.

1992년 10월 말경이었다. 당시 병장이었던 나는 심한 몸살감기 기운으로 여러 날을 고생해야 했다. 자대 군의관이 처방해준 약을 먹으면 좀 차도가 있다가도 다시 몸살기운이 온몸을 노근하게 했다. 그러나 워낙 건강 체질에 잔병치레도 없었던 탓에 '조금 있으면 괜찮아지겠지' 하며 약 3개월 정도를 그리 보냈다.

그러던 어느 날, 잔기침이 깊어지고 호흡이 곤란해지더니 급기야 각혈을 하기에 이르렀다. 목을 타고 넘어오는 선혈에 놀라, 군 사단 내에 위치한 군 병원을 찾았다. 엑스레이 판독 결과 확진된 병명은 '폐결핵'이었다. 단순한 감기 증상인 줄로만 알았던 나는 그 자리에 털썩 주저앉고 말았다. 엄청난 충격이었다. 땅이 흔들리고 하늘이 내려앉는 기분이었다. 그 후 나는 자대 의무대에서 3일간 격리 수용되었다. 그 3일간의 사건이 내 인생의 틀을 통째로 뒤흔들어 놓았던 계기가 됐다.

군병원에서 중증 폐결핵 진단을 받은 당시, 나는 사형선고를 받은 것과 같은 충격에 휩싸였다. 아직 젊은 나이에 이런 큰 병에 걸려 죽을 수도 있다는 두려움과 함께 오래전부터 마음속 깊이 간직했던 대통령에 대한 꿈이 물거품이 됐다는 좌절감이 더해져, 자포자기에 이르렀다. 더욱 힘들었던 것은 나름대로 인생을 계획하고 뚜렷한 인생 목표도 갖고 미래를 멋지게 살아보고 싶었는데, 여기가 끝이라는 현실이 한없이 서러웠다. 억울했다. 내 인생의 모든 것이 처참하게 깨져나가는 순간이었다.

더 큰 군 병원으로 후송을 기다리던 3일간 나는 원 부대 의무대의 독방에 기거를 해야 했다. 전염성이 강한 질병이라는 특수성 때문에 간혹 찾아오는 군의관 말고는 아무도 나를 찾는 이는 없었다. 외부와 철저히 차단된 2평 남짓 의무대에서 불빛 한 점 없는 머나먼 바다 한가운데 홀로 떠 있는 듯 헝한 외로움을 견뎌야만 했다.

문득 누군가 사무치게 그리웠다. 나는 침상에 누워 조용히 하나님을 불렀다. 습관처럼 오갔던 군 교회의 초신자였던 내가 의지할 수 있는 마지막 지푸라기였다. 상심한 마음에 이틀 동안 식음을 전폐했던 탓에 눈꺼풀은 삶의 무게보다 더 혹독하게 내려앉고 있었다.

땅거미가 내려앉은 저녁무렵, 때가 되면 식판을 넣어주던 말년 선임병의 모습이 흐릿하게 보였고, 하루 일과를 끝낸 동료 장병들이 식당을 향해 가며 높여 부르던 우렁찬 군가 소리도 먼 산 너머로 잦아들고 있었다. 내 호흡도 함께 수그러들고 있음을 느끼며 마지막 깊은 한숨을 몰아쉬었다.

그 때 갑자기 누군가 등 뒤에서 허리를 감싸 안고 강하게 뒤로 확

잡아채는 듯한 느낌을 받았다. 그 순간 갑자기 내 몸이 공중으로 둥 떠올랐다. '말로만 듣던 유체이탈이라는 게 이런 것이구나' 하는 생각이 스쳤다.

나는 방바닥에 쓰러져 있는 내 모습과 마주했다. 평화로운 듯 누워 있는 내 모습은 싸늘히 식어 버린 시체였다. 방금 전까지 멀쩡히 살아 있던 내가 죽어 있는 모습을 내 눈으로 확인하게 되자 알 수 없는 공포감이 밀려왔다.

혼란스러움과 함께 '모든 게 끝났구나' 하는 생각이 들자, 아들을 대견하게 여기던 부모님의 모습, 같이 공부하던 친구들의 모습, 성공에 대한 집념으로 가득 찼던 지난날들의 삶이 막내린 슬픈 흑백 영화처럼 먹먹하게 스쳐 지나갔다.

'이 세상에서 내가 추구했던 삶이 과연 무엇이었단 말인가.' 나는 짧았던 내 삶을 반추하며 '그 동안 내가 속고 살았다' 는 생각에 다시금 마음이 무너져 내렸다. 내가 꿈꿔왔던 대통령이라는 목표와 우리 사회가 성공의 척도로 삼았던 부와 명예, 권력이 죽음 앞에서는 너무나도 부질없는 일이 되고 만다는 깨달음 때문이었다.

그러나 곧 밀려드는 더 큰 두려움은 따로 있었다. 교회에서 영원한 천국과 지옥이 있다고 들었는데, 내가 천국에 갈 수 있다는 확신이 그

때 당시에는 완전하지 않았기 때문이었다. 이 상태로 심판을 받게 된다면 안되겠다는 생각에 나는 하나님께 다시 한번 살 수 있는 기회를 달라고 온 몸으로 애원했다. 움직여지지 않는 몸이었만, 마음속 음성은 그 어느 때보다도 간절하고 컸다.

　잠시 시간이 흐르고 내 눈 앞에는 늦가을 새벽, 추수를 마친 마른 논같은 곳이 수채화처럼 펼쳐졌다. 짙은 안개 속에 이것저것 분간할 수는 없었지만, 찬 안개의 싸한 느낌이 얼굴에 닿고 있었다. 차렷 자세로 굳어진 몸은 그 곳에 심겨진 듯 움직여지지 않았다. 하지만 눈은 뜨여 있어 모든 것을 볼 수는 있었다. (눈꺼풀과 눈동자는 눈뜬 상태로 고정되어 있었다).

　그 때 먼 하늘에서 손톱 크기만 한 황금색 빛이 경외롭게 빛나고 있었다. 직감적으로 그 빛이 하나님의 광채라는 것을 알았다. 그 순간, 내가 딛고 서 있는 그 땅이 무빙워크처럼 그 광채 앞으로 쭈욱 움직여가는 것이 느껴졌다.

　다급해진 나는 '다시 한 번 살 수 있는 기회를 달라'는 절규를 쏟아내기 시작했다. 물론 마음속의 외침뿐이었다.

　어느덧 손바닥 크기만큼 커진 그 빛과 내 몸이 점차 빠르게 서로 접근하는 듯 싶더니, 내가 그 큰 빛 속으로 쑤욱 빨려 들어갔다. 알 수 없는 부드러움과 따뜻함이 내 몸을 감싸는 느낌이었다.

눈을 떠보니 유체 이탈을 했을 때 보았던 그 모습 그대로 나는 누워 있었다. 얼른 내 몸 여러 곳의 감각을 확인하고 나서야 내가 다시 살아났음을 확인할 수 있었다. 건강할 때 미처 느껴보지 못했던 단순히 살아 있음에 감동하고 또 감사했다. 그러면서 뜨거운 눈물을 흘리며 하나님을 찬양하고 기도했다.

아직 어둠이 가시지 않은 새벽 미명. 의무대 작은 방 벽에 난 작은 창문을 열어 보았다. 새벽닭의 울음소리가 그렇게 청량한지 이전엔 미처 몰랐다. 그리고 서서히 밝아 오는 빛의 입자가 구슬만큼 크고 영롱하게 보이고, 시원한 공기 한 방울 한 방울이 비눗방울 터지듯 내 얼굴에 닿아 기분 좋은 소리로 스며들었다.

아름다운 세상의 빛과 소리를 다시 마주하며 세상 모든 것에 감사하고 또 감사했다.

3. 성공지향에서 가치지향으로 삶의 방향을 바꾸다

2011년 10월에 작고한 스티브잡스가 스탠포드대학 졸업식에서 했던 연설문 후반절에 이런 말이 나온다.

"곧 죽는다는 생각은 인생에서 무엇인가를 결정할 때마다 가장 중요한 도구가 되어 주었습니다. 외부의 모든 기대와 자부심, 수치스러움과 실패의 두려움은 '죽음' 앞에서는 모두 떨어져 나가고 오직 진실로 중요한 것들만이 오롯이 남기 때문입니다."

당시 췌장암으로 3~6개월 시한부 인생 선고를 받았던 그가 죽음 앞에서 삶을 대하는 태도가 너무나도 명확하고 진솔하여 공감이 갔다. 그리고 마지막으로 이 말도 남긴다.

"죽음은 아무도 피할 수 없습니다. 그리고 그래야만 합니다. 죽음은 삶을 대신하여 변화를 이끌어 내는 주체로서 삶이 만들어 낸 최고의 발명품이니까요."

현재는 과거의 결과이고, 미래는 현재의 선택과 맞닿아 있다. 그래서 미래의 죽음을 준비한다는 것은 현재의 삶을 변화시킬 수 있는 가장 강력한 동인이 될 수 있다. 죽음을 체험한 내게도 그 변화는 급격하게 찾아 왔다.

자기 인생의 평가는 죽음 앞에서 스스로가 내리는 것이라는 것.

가장 값진 성공은 사회와 타인이 부러워하는 부와 명예, 권력의 성취가 아니라, 나의 정체성을 발견하고 나에게 주어진 삶에 최선을 다했던 진솔한 태도. 가장 '나'다운 삶을 살아내고자 노력했던 그 과정을 거쳐, 임종 때 '이만하면 됐다'라는 말을 스스로의 인생 위에 얹어줄 수 있는 삶을 살아야겠다는 절절한 깨달음 때문이었다.

이 깨달음을 얻자 '나의 꿈과 비전을 바라보는 태도'가 성공지향에서 가치지향으로 바뀌게 되었다.

성공지향의 관점은 현재에서 미래의 일정 시점을 바라보며 돈, 명예, 권력 등 아직 성취하지 못한 것들을 목표로 하여 그것을 좇는 형태의 사고다. 그래서 시선은 늘 아래에서 위를 향하게 되어, 좁고 한정적인 시각을 가질 수밖에 없다. 그만큼 길을 잃을 확률도 크고, 시행착오도 많다. 낯선 산 정상을 향해 등산하는 여정과 비슷하다.

반면에 가치지향의 관점은 미래의 목표에서 현재를 바라보는 시각을 갖는다. 원하는 목표에서 현재의 그 과정을 바라볼 수 있기에, 보다 명확하고 뚜렷한 과정 관리가 가능하고 그 목표가 갖는 의미를 이해하고 있기에 과욕하지 않을 수 있다.

위에서 아래를 바라보는 시각이기에 길을 잃을 확률도 적고 시행착오도 적다. 산 정상에 오른 사람이 자신이 올랐던 등산로를 굽어보며, 그 과정을 음미하는 것과 비슷하다.

내가 경험했던 죽음의 외로운 길에서 스스로에게 되물었던 질문은 '생전에 무엇을 성취했느냐'는 결과가 아니라, '나는 누구이고, 어떻게 살았느냐'는 과정에 관한 것이었다.

그래서 새 생명을 얻고 스스로에게 제일 먼저 물었던 것이 '나는 누구인가?', '어떻게 살 것인가?' 였다. 미래에 그 물음에 답해야 할 때가 또 반드시 올테니 말이다.

이렇게 '성공을 좇는 삶'에서 '가치를 찾는 삶'으로의 변화는 내 스스로 인생의 주인공이 되어 '내 삶을 경영'하게 된 계기가 되었다. 그래서 나는 지금 '행복하게 나의 길을 가고 있다'고 자신 있게 말할 수 있다.

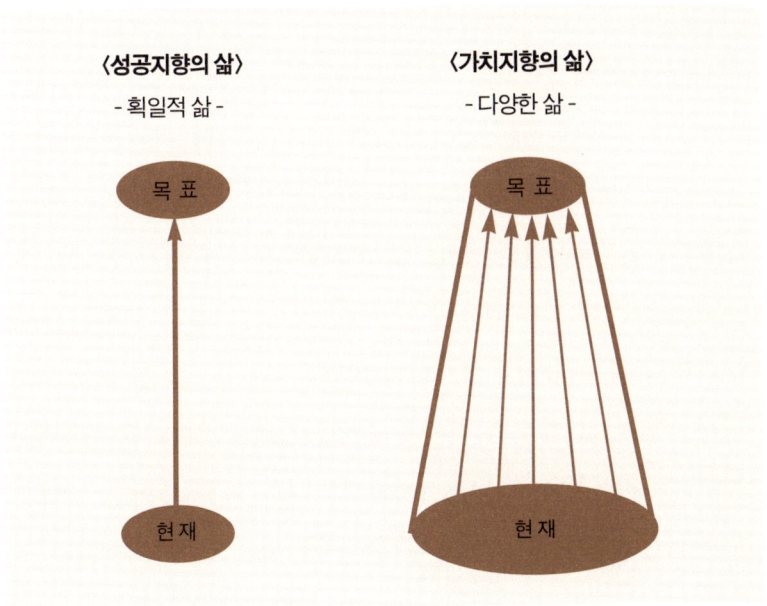

성공을 지향하는 삶은 필연적으로 서열주의와 경쟁을 운명처럼 만난다. 1등이라는 목표는 한정되어 있고, 도달할 수 있는 길도 외줄이기 때문이다. 그래서 남을 앞서기 위해서는 앞 사람을 밟고 지나갈 수밖에 다른 방법이 없다. 결국 후회와 상처밖에 남는 게 없는 인생이 되고 만다. 대부분의 현대인들이 살아가는 모습이다.

반면, 가치를 찾는 삶은 다양한 길에서 희망과 보람을 만난다. 경쟁 상대가 '어제의 나'이기 때문에 상처관리 대신에 격려와 과정관리만

하면 된다.

그리고 각자 목표로 하는 가치가 다르기 때문에 가치 목표는 사람의 수 만큼 많을 수 있다. 목표에 도달할 방법도 사람의 수 만큼 다양하기에 그 구조는 원뿔형을 가진다. 원 트랙이 아니므로 타인에게 상처주지 않고도 자신만의 방법으로 그 목표를 성취해 나갈 수 있다.

상대방과 비교할 게 없으니 우월감이나 열등감을 가질 필요도 없다. 그저, 내 존재가치를 현실화할 비전과 목표를 정하고 평생 동안 꾸준히 나아가면 된다. 만인에게 유익하게 행복한 마이웨이를 걸어갈 수 있는 비결이다. 그러나 이것이 태만해도 된다는 의미는 아니다. 최선이라는 태도는 늘 내 인생에 대한 예의이다. 오히려 자신을 이겨, 새로운 자신을 세워야 하는 과정이다. 그래야 '이만하면 됐다' 라고 할 수 있지 않겠는가.

가치를 찾는 삶을 찾아, 나의 목표는 '대통령' 에서 '사회사업가' 로 수정됐다. 내 기질과 마음 속에 일렁이는 사명이 '도움이 필요한 사람들과 함께하는 것' 이라는 생각에서다. 도움이 필요한 사람들의 범주에는 물질적인 도움이 다급한 사람들도 있겠지만, 사회전반에 팽배한 성공지향주의로 인해 황폐한 인생을 살아가는 사람들과도 함께하는 것이다. 자신의 꿈과 비전이 없어 그 귀한 인생을 무의미하게 보내고 마는 그리고 돌이킬 수 없는 길에서 필자처럼 가슴을 찢는 그런 일이 없도록 하기 위해서다.

그래서 내 목표의 한 트랙은 사회사업가로서의 역량과 제반 환경 마련을 위해 직장생활을 선택했고, 또 다른 트랙으로 30대 초부터 '자기경영 컨설턴트'로 활동하며 국내외 대기업의 사보 및 다양한 잡지에 비전 Making, 자기계발 관련 칼럼을 연재하고 강의도 해오고 있다.

몇 년 전부터는 보다 많은 사람들과 만나고 싶어, 〈이훈의 직(職)테크〉라는 주제로 한국경제신문 홈페이지의 직장인 칼럼니스트로 활동하며 즐거운 자기계발법을 게재하고 있다. '직테크'는 직장(職場)과 기술(Technology)이 조합된 단어로, 기업의 비전 및 경영 전략, 경영관리 기법을 대학생이나 취업준비생, 직장인들이 실생활에서 바로 적용할 수 있도록 인사이트를 제공하는 실제적인 자기계발법이다.

나는 명확한 비전과 삶의 목표를 가지고 있는가?

이 질문에 자신있게 'Yes'라고 대답할 수 있다면 그 사람은 이미 삶의 가치를 찾아 일관성 있는 노력을 기울이고 있는 사람일 것이다.

그러나 많은 수의 사람들은 자신의 정체성은 물론 자신의 기질, 무엇을 원하는지 조차 감을 못잡고 있는 경우가 허다하다.

이어지는 2부〈나도 잘하고 싶어요, 어떻게 하죠?〉에서는 나의 정체성과 타고난 기질을 발견하여 그것을 토대로 내가 하고 싶은 일, 잘할 수 있는 일, 해야만 할 일 등 세 가지를 축으로 나만의 비전을 만들게 된다.

그리고 그 비전을 시각화 할 수 있는 구체적인 목표를 6가지 삶의 범주에서 수립하게 되며, 현실화 할 수 있는 구체적인 실천전략도 갖게 될 것이다. 6가지 삶의 범주는 건강, 가정, 직업, 자기계발, 휴먼 네트워크, 신앙이다.

건강은 삶의 토대가 되고, 가정은 행복의 근간이 되며, 직업은 경제적 자유를 그리고 자기계발은 삶의 보람을 증폭시킨다. 휴먼 네트워크는 삶을 풍요롭게 만들고 신앙은 인격의 깊이와 평안을 안겨준다.

이처럼 6가지 요소가 균형과 조화를 이룰 때, 우리는 훌륭한 인생 경영자가 될 수 있고 후회하지 않을 삶을 살 수 있다.

나는 기회가 되는대로 사람들에게 죽음에 대한 체험 얘기를 해준다. 죽음을 앞둔 깨달음은 아무리 빨라도 늦다는 것을 몸소 경험했기 때문이다. 더 이상의 기회가 없다는 기막힌 현실을 경험해보지 않은 사람은 생각조차 할 수 없을 것이기 때문이다.

미래의 죽음에서 현재를 바라볼 수 있는 것은 통찰력을 넘어 행운에 속한다. 체화된 지혜이기 때문이다. 이 소중한 경험과 필자가 그동안 기업에서 담당했던 기업비전과 경영전략 수립, 경영기획과 관리의 Tool을 자기경영에 접목시켜 새롭게 정립한 〈나침반 자기경영법〉이 있다.

살아서는 흑자 인생, 죽을 때도 후회없이 떠날 수 있는, 행복하고 가치있는 나의 인생을 위한 비전 트립(Trip)을 함께 떠나도록 하자.

나도 잘하고 싶어요, 어떻게 하죠?

모든 방향의 기준은 북(North)이다.
그리고 정북(正北)을 나타내는 별은 북극성이다.
그래서 예로부터 모든 여행자의 첫 시작은
북극성을 바라보는 것으로부터 시작되었다.

인생의 정북(正北)은 비전(Vision)이다.
그 삶의 푯대는 목표로 가시화된다.
그래서 예로부터 성공적인 인생을 산 사람들은
예외 없이 명확한 비전을 마음에 품었다.

1장

북(North) : 나만의 북극성
만들기(Vision Making)

1) 첫 번째 단계 : 꿈(Dream) 과 비전(Vision) 갖기

<u>꿈꾸는 사람만이 꿈같은 일을 이뤄낸다</u>

그리스신화에서 시시포스는 제우스를 속인 죄로 지옥에 떨어져 바위를 산 위로 밀어 올리는 벌을 받았다. 그가 밀어 올리는 바위는 산꼭대기에 이르면 다시 아래로 굴러떨어지기 때문에 그는 영원히 이 일을 되풀이 할 수밖에 없다.

'꿈과 희망'의 박탈이다. 굴러떨어질 수밖에 없는 바위를 끝없이 산꼭대기로 밀어 올려야 하는 무익하고 희망 없는 노동의 반복. 바로 그 낙담이 신들이 생각해 냈던 인간에 대한 최대의 벌(罰)이었다.

만약, 현재의 내 삶이 낙담의 연속, 체념의 연속, 한 치 앞을 바라볼 수 없는 오리무중의 상태라면 그 이유는 과연 무엇일까. 그것은 바로 나에게 미래의 꿈인 비전(Vision)이 없기 때문이다. 설사 비전이 있다 하더라도 생명력이 말라 버린 껍질과 같은 바람일 확률이 높다. 그래서 또 하나의 현대판 시시포스가 되어 이 힘겨운 하루하루를 밀어 올리고 있는 것이다.

작년의 삶과 올해의 삶이 동일하고, 내일의 삶이 희망으로 그려지지 않는다면 지금 당장 그 자리에 멈춰서야 한다. 목적과 목표가 없는 전진은 부질없이 내딛는 방랑에 지나지 않는다. 나무가 땅을 향해 뿌리를 곧게 내려야 싱싱하게 자랄 수 있듯, 사람은 자신의 꿈과 비전에 뿌리를 깊게 내려야 비로소 의미 있는 인생을 살 수 있고, 활력도 잃지 않는다.

다 자라도 키가 5cm 정도에 불과한 '포아풀' 이 메마른 사막에서도 꿋꿋하게 생존할 수 있는 이유는 600km에 이르는 강하고 긴 뿌리 덕분이다. 물과 영양분을 찾아 끝없이 뻗어 가는 포아풀의 뿌리처럼 어떤 척박한 환경에서라도 시들지 않는 꿈과 비전의 뿌리를 가져야 한다.

한국외대 최정화 교수는 우리나라 최초 국제회의 통역사로 알려져 있다. 그녀의 저서 〈14살, 그때 꿈이 나를 움직였다〉를 보면, 유학 시절 학교에서 꼴찌를 하는 상황에서도 그녀는 늘 '세계 최고의 통역사' 가 되겠다는 꿈을 잃지 않았다고 한다. 그녀는 끝까지 그 꿈을 토대로 도전에 도전을 거듭한 끝에 세계적인 통역사가 되어, 지난 30여 년 간 70개국 이상을 다니며 2,000여 회가 넘는 국제회의와 수차례의 국가 정상회담에서 통역을 총괄했다.

그녀는 그때 경험한 바를 다음과 같이 적고 있다.

"세계를 이끌어 가는 리더들은 모두 그들의 마음에 생생한 '꿈과 비전'을 가진 사람들이었다."

꿈과 비전은 무한 에너지를 만들어 낸다. 힘들고, 낙담하고, 포기하고 싶을 때 그 한계를 극복할 수 있는 힘을 공급한다. 또 인생이 칠흑 같은 어둠 속에 처해 있을 때 나아갈 방향을 가늠할 수 있는 인생의 나침반 역할을 한다.

누구에게나 인생의 굴곡은 있는 법이다. 꿈을 품은 사람은 가장 험난한 길에서도 앞으로 나아갈 힘을 얻지만, 아무런 꿈이 없는 사람은 가장 순탄한 길에서조차 주저앉고 만다.

방향이 경쟁력이다

"나는 지금 어디로 가고 있는가?"
"내 인생의 목표는 무엇인가?"

이 질문에 대한 해답을 찾기 위해 망설이고 있지는 않는가?
만약 3초 이내에 답을 하지 못한다면, 모든 것을 멈추고 내 인생에 대해 심사숙고해봐야 한다. 목적 없는 열정과 성실 그리고 노력은 전혀 의미가 없다. 오히려 잘못된 방향으로 길을 잡아 최선을 다한다면 결국 최악의 결과를 초래할 뿐이다. 행복하고 보람된 인생을 살아가기 위해서는 최선과 열심 그리고 스피드에 앞서 '올바른 방향 설정'이 가장 중요하다.

개인뿐만이 아니라 기업도 마찬가지다. 세계적인 경쟁력을 지닌 기업들은 한결같이 핵심 가치와 철학, 사업의 목적 그리고 사명을 3대 축으로 한 명확한 '기업 비전'을 세우고 있다. 개인뿐만 아니라 기업도 이익을 실현하는 것, 그 이상의 위대한 기업으로 성장하기를 원한다면 뚜렷한 비전이 필수적인 것이다.

그래서 GE 회장이었던 잭 웰치는 재임 시절에 기업 비전을 전파하는 데 있어 "이 정도면 충분하다."는 말을 해본 적이 없다고 한다. 그 기업 비전을 모든 회의 때마다 강조하고 또 강조해 참석자들이 아주 신물이 날 정도로 만들었다고 한다. 그 결과, 광범위하고도 세계적인 조직이 일사불란하게 한 방향으로 전진할 수 있는 원동력이 되었다.

이처럼 꿈과 비전은 기억하는 게 아니고, 철저히 체화될 때 비로소 제대로 된 힘을 발휘할 수 있다. 분산된 힘과 흐트러져 있는 생각을 한 방향으로 정렬할 수 있기 때문이다.

꿈과 비전은 뜨거운 열정의 에너지다

우리가 기억하는 위인들의 삶이나 인류의 역사(History)는 모두 꿈과 비전을 품었던 사람들(His story)의 성취에 관한 이야기다. 더 정확히 말하자면, 우리는 명확한 비전과 목표를 신념으로 삼았던 그들의 생애를 기억하는 것이다.

그러나 꿈에도 여러 가지 종류가 있고, 그 가치는 각기 다르다는 점을 염두에 두어야 한다. 물론 모든 꿈은 생각이라는 한 뿌리에서 출발한다. 하지만 가지에 이르러 열매를 맺는 꿈이 있는가 하면, 뿌리에서 곧 소멸되고 마는 공상 혹은 환상과 같은 꿈도 있다.

그래서 역사를 바꾸고 나의 인생을 송두리째 바꿀 수 있는 가치 있는 '꿈'을 꾸고 간직하기 위해서는 진실과 허구를 구별해 낼 수 있는 안목이 필요하다. 가슴을 두근거리게 하는 꿈, 마음을 벅찬 감정으로 가득 채우는 진정한 꿈에는 뜨거운 열정의 에너지가 생동한다.

어떤 사람들은 냉철한 현실 인식을 꿈을 이루기 위한 전제 조건이라고 주장한다. 그러나 그보다 훨씬 더 중요한 것은 내 꿈에 대한 간절한 소망과 강인한 의지다. 꿈의 실현은 현실 타협이 아니라, 현실 개척이라는 것을 직시해야 한다.

의지와 열정이 담겨 있지 않은 꿈은 몽상과 같다. 꿈은 머리로만 생각하는 게 아니고, 마음에 새기는 간절한 소망으로 승화되어야 한다. 또 현재 나의 발걸음을 인도하는 실제적인 삶의 에너지로 변화되어야 하는 것이다.

세상에는 자신의 '꿈'을 실현한 수많은 사람이 존재한다. 그 중 대표적인 인물이 아놀드 슈워제네거다. 그는 미국 38대 캘리포니아 주지사를 지냈고, 노년인 지금도 영화배우로 활동 중이다. 아놀드 슈워제네거의 이력은 참 인상적이다.

'US뉴스&월드리포츠가 선정한 미국의 베스트 리더'에도 선정된 바 있는 그는, 어린 시절 아버지와 함께 오스트리아에서 미국 캘리포니아로 이민을 가게 된다. 사회적 기반이 전혀 형성되지 않은 그의 청소년기는 끝이 보이지 않는 가난과 어려움으로 뒤덮여 있었다.

하지만 그는 좌절 대신 세 가지 꿈을 키운다. 첫째 세계에서 가장 유명한 헐리웃 액션 스타가 되는 것, 둘째 케네디가의 현명한 여인과 결혼하는 것, 셋째 미국 캘리포니아 주지사가 되겠다는 꿈이었다.

그는 그 꿈을 스스로 각인하기 위해 자신의 책상, 화장실, 냉장고, 싱크대, 천장 등 그의 눈이 닿는 모든 곳에 그 꿈을 적어 붙였다. 그래서 그 꿈은 눈을 감아도, 눈을 떠도 사라지지 않는 목표가 되었다. 이렇게 생각과 마음에 깊이 뿌리내린 꿈은 서서히 그를 움직여 나가기 시작했다.

우선, 세계에서 가장 유명한 헐리웃 액션 스타가 되기 위해 그는 근육질의 몸을 만들기 시작했다. 마침내 '미스터 유니버스 대회'에서 5년 연속 우승하는 세계 최고의 보디빌더가 되었다. 결국, 세계적으로 흥행한 '터미네이터 시리즈' 등 20여 편의 영화에서 주연을 맡게 됨으로써 그의 첫 번째 꿈은 이루어졌다.

그 후 케네디 대통령의 조카인 미국 NBC 방송의 스타 기자이자 앵커였던 '마리아 슈라이버'와 결혼하게 됨으로써 그는 두 번째 꿈도 이루게 된다. 그리고 마지막 세 번째 꿈인 캘리포니아 주지사 또한 그가 목표한 2005년보다 2년이나 앞서 당선됨으로써 그의 모든 꿈이 이루어졌다.

간절한 꿈과 비전은 나의 시간과 재능 그리고 마음을 한 목표에 집중시키는 역할을 한다. 그래서 암울한 시련을 겪으면서도 힘을 잃지 않을 수 있으며, 다시 일어설 용기를 얻게 되는 것이다. 꿈과 비전을 이루기까지 겪는 어려움은 단지 그 목표에 도달하는 일련의 과정일 뿐이다.

영혼의 창, 내면의 소리를 듣다

꿈과 비전은 사람의 일생을 보석처럼 빛나게 만드는 마력이 있다. 그렇다면 인생의 대전환을 맞이할 꿈과 비전은 어떻게 만들 수 있을까?

"여기 좀 보렴. 이 창을 들여다보렴. 네 영혼을 보여 주는 창이란다. 이 창은 너에게, 네가 누구이며 네가 사랑하는 것이 무엇인지 들려준단다. 네 삶의 소리에 귀 기울일 때 네가 평생 하게 될 일이 무엇인지 그리고 네 삶이 너를 어디로 부르고 있는지도 보여 주고 있단다."

〈영혼의 창〉을 쓴 '켄 가이어'의 말처럼 마음속 깊은 곳에서 울리는 내면의 소리, 영혼의 소리에 귀를 기울이면 자신이 듣고 싶은 '나의 꿈 이야기'를 들을 수 있다.

진정한 꿈과 비전을 알기 위해서는 우선 내면의 소리에 귀를 기울여야 한다. 많은 사람이 타인을 의식하는 '외면(外面) 보기'에만 익숙한 나머지 자신의 정체성과 내면을 통찰할 수 있는 '내면(內面) 보기'에는 너무나도 낯선 삶을 살아왔다. 그러나 이제는 영혼의 창을 통해 자신의 과거를 반추하고, 미래를 설계해 현재의 삶을 가치있게 살아가기 위한 시간들과 마주해야 한다. 한참 잊고 있었던 '나는 누구일까?'라는 낯선 질문을 다시 꺼내 들어야 한다. 나의 정체성과 그 정체성에서 피어나는 나의 꿈과 비전을 다시 붙잡아야 한다. 바로 그것이 내 인생의 방향 찾기이며, 행복한 인생을 만들어가기 위한 터 닦기다.

꿈을 가진 사람들의 마음속에는 늘 빛과 같은 희망만 존재한다. 물론 슬럼프도 있고 좌절의 순간도 있다. 그러나 곧 털고 일어날 수 있는 힘이 있다. 하지만 꿈과 비전을 잃어버린 사람들은 좌절하고 포기하는 일상을 떨치고 일어날 힘이 없다.

처음에 나는 대학에 들어가기 위해 고등학교를 마치느라 죽을 지경이었다
그 후 나는 취직을 위해 대학 과정을 마치느라 죽을 지경이었다
그 후 나는 결혼을 하고 아이들을 낳아 키우느라 죽을 지경이었다
그 후 나는 아이들을 학교에 입학시키고 공부를 시키느라 죽을 지경이었다
그 후 직장에서 퇴직할 때까지 일하느라 죽을 지경이었다
지금도 나는 죽을 지경이다
갑작스럽게, 내가 왜 사는지 이유를 알 수 없는 처량한 나를 발견한다

〈죽을 지경이었다〉 - 작가 미상

이 시는 꿈과 비전을 상실한 현대인의 모습을 잘 보여주고 있다. 꿈을 잃고 살아가는 시대상을 반영하는 것 같아 안타까움을 더한다.

비전은 삶의 목적과 목표 그리고 신념이 담긴 생생한 꿈이라고 정의할 수 있다. 즉, '내가 누구이고, 어떤 인생의 목적을 가지고 있으며, 어떤 사람이 되기를 원하는가에 대한 아주 구체적이고 명확한 계획이자 신념'이다. 그래서 비전에는 나의 정체성과 삶에 대한 신념과 원칙 그리고 달성해야 할 목표가 구체적으로 명시되어야 한다. 바로 이 세 가지 요소가 견고하게 조화를 이룰 때 흔들리지 않는 나만의 '북극성'인 비전이 완성된다.

그 비전에는 남들과의 비교, 내 바람과 동떨어진 타인들의 기대 그리고 사회적 통념 등은 일단 배제시키는 게 좋다. 나는 이 세상에 독특한 개성을 가진 유일한 존재이기 때문에 타인과 비교하는 자체가 부질없는 일이다. 오직 나 자신만이 내 삶의 주인이 되어야 한다.

20세기의 성자로 불리는 알버트 슈바이처 박사는 24세 때 철학박사 학위를 취득하고, 25세 때 신학박사 학위를 취득하며 대학교수가 됐다. 뛰어난 오르간 연주자로서 명성을 날렸던 그는 29세 때 아프리카 사람들을 위해 자신의 남은 삶을 바치고자 결심한다.

그 후 의대에 다시 진학해 의사박사가 된 후, 문명의 이기(利器)를 누리지 못하고 살아가는 아프리카 원주민 속으로 들어가 평생을 그들과 함께 지낸다.

슈바이처 박사는 어릴 적부터 인정이 많아 나약한 아이들 편에 서기를 좋아했다. 그는 어느 날, '이렇게 나만 행복해도 되는가?', '나는 누구이며, 왜 사는 것인가?'라는 내면의 소리를 듣게 된다. 이를 계기로 그는 삶을 통째로 바꿀 새로운 비전을 세우고 실천하게 된 것이다.

평생을 아프리카에서 봉사하며 보냈던 그의 선택에 그 누구도 '잘했다, 잘못했다'를 판단할 사람은 없다. 그것은 그의 선택이었고, 그가 바랐던 최고의 삶이었기 때문이다. 그는 가장 의미 있는 삶, 보람 있는 삶 그리고 후회하지 않을 삶의 방향을 그렇게 설정하고 그 비전을 향해 최선을 다하며 살았던 것이다.

이와 비슷한 경우로 우리나라에는 장기려 박사가 있다. 장기려 박사는 경성의학전문학교(서울의대 전신)를 수석으로 졸업하고, 일본 나고야대에서 의학박사 학위를 취득한다. 그 후 평양 연합기독병원장으로 김일성대학 의대 교수를 역임했으며, 가난한 사람들을 위해 평생 무료 병원을 운영했다.

"의사가 된 날부터 지금까지 치료비가 없는 환자들에 대한 책임감을 잊어버린 날은 없었다. 이 결심을 잊지 않고 살면 나의 생애는 성공이요, 이 생각을 잊고 살면 실패라고 생각하고 있다" 생전에 늘 이렇게 말해왔던 장기려 박사는 그의 신념대로 가난한 환자들의 치료비를 자신의 월급으로 대신 내주기도 하고, 며느리가 혼수로 해온 이불을 춥고 배고픈 사람들에게 내주었다.

독실한 크리스천이었던 그는 오직 '생명 사랑'이라는 그의 비전을 실천하기 위해 돈이나 명예에 연연하지 않았고, 어떤 정치적 압력에도 굴하지 않았다. 그래서 절대권력 김일성의 호출 명령에도 응하지 않고 자신의 환자를 위해 목숨을 내놓고 진료하는 일도 많았다고 한다. 그에게 있어 가난한 환자나 부자 환자 모두 신분의 귀천 없이 중요한 생명들이었던 것이다. 그는 늘 "남을 속일 수는 있어도 자신을 속일 수는 없는 법이다. 어떤 시련과 고난이 닥쳐오고, 세상의 그 무엇이 유혹한다 해도 자기 자신과의 약속을 지켜야 한다."고 입버릇처럼 강조했다.

이태석 신부 또한 예외는 아니다. 그는 2010년 남아프리카 수단의 작은 마을인 '톤즈'에서 가난과 증오, 질병으로 얼룩진 딩카족 사람들을 위해 자신의 모든 것을 선물로 주고 하늘의 부르심을 받았다.

오랜 내전과 척박한 환경 그리고 분노로 얼룩진 톤즈 사람들에게 이태석 신부는 톤즈의 아버지이자 의사, 문맹을 밝히는 선생님, 쉼의 터전을 마련해 주는 건축가였다. 그는 또 화합과 사랑의 하모니로, 얼어붙은 마음을 안아주는 톤즈 브라스 밴드를 만들어 사랑의 메시지를 전하기도 했다.

비전의 힘은 이처럼 위대하다. 올바른 비전의 삶을 산 사람들은 죽어서도 영원히 기억되는 보석과 같은 사람들이다. 이들의 삶은 사막에서의 생수 혹은 약초와 같아서 목마른 이웃들에게는 갈증을 해소하는 시원한 물을 주고, 상처받은 영혼들에게는 희망의 단초를 제공해 다시 일어설 수 있는 용기를 준다. 바람직한 비전은 이처럼 본인뿐만 아니라, 이웃에게도 긍정적인 영향을 전해 준다.

비전에 대해 알아보자

비전은 인생을 가치 있고 행복하게 만드는 삶의 원동력이다. 그래서 비전에 대한 올바른 이해와 비전의 설정이 그 무엇보다 중요하다.
올바른 비전은 자신의 신념과 정체성을 잘 반영하고 있어야 한다.

또 과정을 중요시하되 목표 지향적이어야 하며, 영속성을 가지고 있어 지속적으로 열정을 불러일으켜야 한다. 그리고 이웃사랑에 대한 소명 의식도 담고 있어야 한다.

♣ 비전의 특징 4가지는 무엇?

_유일성

나는 누구인가?

내 꿈은 무엇인가?

나는 어떻게 살아야 하나?

어떻게 하면 내 삶을 주도적으로 살아갈 수 있을까?

이에 대한 내면적 질문이 비전 갖기의 시작이다. 이 질문에 대한 대답은 무척 다양할 것이다. 그러나 획일화된 교육 방식, 정형화된 진로와 삶의 방식을 강요하는 사회 분위기 속에서 자란 우리는 암암리에 타인의 삶을 모방하게 되고 또 그 길에서 벗어나면 불안감을 감출 수 없는 나약한 존재로 성장하는 경우가 많다. 그래서 각자의 개성보다는 사회적 바람에 따라 거의 모든 사람의 삶이 비슷한 모양을 갖추고 있다.

모방과 흉내의 결과는 모조품이다. 아무리 정교하게 만들어졌다고 해도 진품은 아니다. 진품은 독창성을 바탕으로 한 유일성을 가졌기 때문이다. 이 세상에 나는 오직 나 한 사람뿐이다. 비록 결과적으로 비슷한 삶을 살아가게 될지라도, 내 인생의 비전을 발견하는 시작과 과정은 모두 다를 수밖에 없다. 각자 지닌 개성과 유일성 때문이다.

_방향성

나무가 하늘을 향해 가지를 뻗듯, 미래를 향한 도전과 성취에 대한 욕망은 인간의 본능이다. 만약 내 삶이 변화하고 성장하기를 멈추었다면, 주도적인 성취와 목표 지향적인 삶의 모습이 아니라면, 그 사람에게는 비전이 없는 것이다.

어제의 모습과 오늘의 모습 그리고 내일의 모습이 정체된 삶은, 자포자기 상태 혹은 어떤 삶의 희망도 없는 절망의 상태에 있다는 것을 시사한다. 분명한 비전은 차량 내비게이션과 같다. 목적지를 입력하면, 모든 시스템이 그 목적지를 향해 길을 안내하고 주의해야 할 위험 구간이나 기타 필요한 내용을 쉴 새 없이 알려 준다. 이와 같이 제대로 된 인생의 비전은 도달해야 할 목표, 성취해야 할 일에 대한 방향을 분명하게 알려준다. 그렇기에 삶 전체가 이 목표를 향해 열정적으로 움직이게 되는 것이다.

_지속성

삶의 의욕과 활력을 제공하는 비전과 목표를 혼동해서는 안 된다. 비전은 목적을 달성해 가는 지속적인 과정이다. 반면, 목표는 일회성으로 소용이 다 하는 종결의 특성을 가진 것으로 둘 사이에는 확연한 차이가 있다.

비전과 목표를 구별하는 가장 좋은 방법은 다음 질문을 던져 보면 쉽게 구분할 수 있다.

'그 일을 성취한 다음에는?'

목표는 그것을 성취하고 나면 그걸로 모든 게 끝난다. 그 다음은 없다. 예를 들어, '기업체 CEO'을 목표로 삼았다면, CEO로 취임하는 날 그 목표는 효용을 다한다. 하지만 '인류 공영에 이바지하는 CEO'라는 비전을 세운 사람은 'CEO' 취임 시점부터 비전을 실현할 수 있게 되는 것이다. 결국, 목표는 성취라는 마침표로 일단락되지만, 비전은 생명의 끝이 비로소 그 끝이 된다. 목표가 '산봉우리'라면, 비전은 그 너머 '무지개'다.

_ 소명의식

일반적으로 비전을 '사적인 성취'로만 국한하는 경우가 많은데, 이것은 잘못된 생각이다. 비전의 목적은 성취가 아니라 바로 행복이기 때문이다. 비전이 일회성이 아닌, 지속적인 생명력을 갖기 위해서는 비전 성취의 유익이 자신은 물론 주위 사람들에게까지 확대되어야 한다.

큰 성취는 대의명분(大義名分)에서 나오고, 큰 보람은 소명의식으로 완성된다. 대의명분은 사람으로서 마땅히 지키고 행해야 할 중대한 의리와 명분을 뜻하는데, 남에게 보이기 위한 명분이 아니라, 스스로를 독려하고 자존감을 높여 행복감을 높이는 역할을 한다.

소명 의식은 비전의 구성 요소 중 화룡점정(畵龍點睛)과 같은 역할을 한다. 나와 가족만을 품는 구렁이와 같은 이기적인 비전이 소명의식이라는 눈을 갖게 됨으로써 천하를 품고 만인을 이롭게 할 수 있는 용(龍)으로 승천할 수 있는 계기가 된다.

그리고 소명 의식은 더 큰 공동의 유익을 위해, 자신의 이익을 앞세우는 이기적인 성향을 견제하는 역할을 한다. 이로써 개인적으로는 삶의 보람과 행복감을 높이고, 삶을 영위해 가는 과정에서 도덕적 나침반과 같은 역할을 담당해 존경받는 삶, 후회없는 인생을 완성한다.

비전 나무 (Vision Tree)

비전에는 나의 '정체성'을 바탕으로 한 '삶의 목적'이 분명해야 하고, 그 목적을 달성해 나가는 데 필요한 '신념과 원칙' 그리고 무형을 유형화할 수 있는 구체적인 '목표'가 반드시 녹아 있어야 한다.

그래서 비전을 세운다는 것은 '내가 어떤 사람'이고, '어떤 목표'가 있으며, '어떠한 인생을 살겠다'는 것에 대한 분명한 청사진을 갖는 일이다.

이 메커니즘을 '나무'의 구조를 통해 이해한다면, 나무뿌리에 해당하는 것은 '정체성'이다. 사과나무는 탐스러운 사과를 맺고, 배나무에는 배가 열려야 한다. 또 참나무는 아름드리로 자라 훌륭한 목재가 되어야 하는게 정체성에 맞는 목표다.

그런데 사과나무가 배를 맺겠다고 하고, 참나무가 사과를 맺겠다고 달려들면 참으로 난감한 일이다.

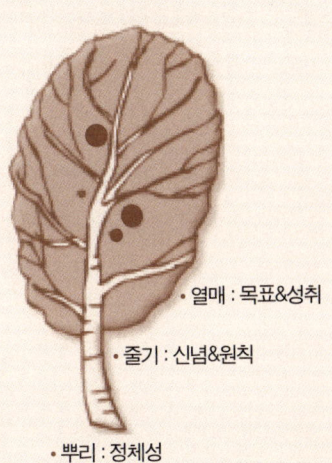

• 열매 : 목표&성취

• 줄기 : 신념&원칙

• 뿌리 : 정체성

이 세상의 모든 존재는 나름대로 존재 목적이 다 있다. 바로 그 목적에 합당한 정체성을 발견하는 게 올바른 비전의 시작이다. 정체성을 발견했다면 그 목표를 달성하기 위해 뿌리를 깊게 내려 튼튼하게 자라나야 한다. 그래야 가뭄이나 태풍과 같은 시련에도 마르거나 뽑히지 않는다. 이는 사람과 기업 모두 마찬가지다.

각 부문의 상위 리더층은 약 5% 정도에 불과하다. 이들의 특징은 뿌리(정체성, 목적)가 튼실하고, 이를 지탱하는 줄기(신념과 원칙)가 강하다는 것이다. 뿌리는 생명의 시작점이자 비전의 발원지다.

그리고 그 비전을 성장, 발전시키는 일은 올곧은 신념과 원칙 부분인 줄기의 몫이다. 줄기(신념과 원칙)는 추운 겨울을 이겨 내기 위해 두껍고 강한 껍질이 필요하고 또 경우에 따라 낙엽을 떨구는 결단도 필요하다. 즉, 살아가면서 정체성을 지키기 위해 '신념과 원칙'에 따른 생활이 필요하다는 뜻이다.

마지막으로 열매에 해당하는 부분이 '목표와 성취'다. 열매를 수확하기 위해서는 가꿈의 노력과 때를 기다리는 인내가 필요하다. 사람도 마찬가지다. 목표한 바를 위해 수고하고 인내하다 보면, 목표 성취라는 열매를 반드시 수확할 수 있다.

2) 두 번째 단계 : 비전 만들기(Vision Making)

생생하게 상상하라. 간절하게 소망하라.
진정으로 믿으라. 그리고 열정적으로 실천하라.
그리하면 무엇이든지 반드시 이루어질 것이다.
- 폴 마이어

비전을 갖는다는 것은 불확실한 미래를 예측 가능한 미래로 바꾼다는 의미다. 그리고 삶의 활력을 불어 넣는 가장 확실한 방법 중에 하나다. 비전(Vision)을 만드는 과정은 나를 관찰하여(View I), 나의 재능을 찾아(Seek I), 삶에 적용하는 것(On)이다.

이 비전만들기는 3단계를 거치는데 공식화 하면 〈Vision Making = 2W+1M〉이다.

VISION 해석

VI = View I 발견

SI = Seek I 발굴

ON =

첫 단계는 '내가 하고 싶은 일(Want)'을 발견하는 것이고, 두 번째는 나의 재능과 역량을 고려해 '내가 잘할 수 있는 일(Well)'을 선택하는 것이다. 그리고 마지막으로 그 비전에 소명의식과 사명(使命)을 담는 단계인 '내가 해야 할 일(Must)' 을 정하는 것이다.

　하버드대학교 경영대학원 졸업생들을 대상으로 비전의 힘에 대한
실험을 한 내용이 있다.

　"미래에 대한 명확한 비전이 있는가?"

　"그 비전을 기록해 소유하고 있는가?"

　그 조사의 두 가지 주요 질문이다. 그 결과 '특별한 비전이나 목표
가 없다' 고 답한 사람들은 84%였고, '비전(목표)은 있지만 기록하지
는 않았다' 는 사람들은 13%였다. 그리고 '비전(목표)을 기록해 가지
고 있다' 는 사람들은 3%에 불과했다.

　조사가 실시된 10년 후, 그 대상자들을 타깃으로 그들의 삶을 역추
적한 결과 무척 흥미로운 사실을 발견할 수 있었다. '비전(목표)은 있
지만 기록하지는 않았다' 고 답한 13%의 평균 소득은 '특별한 비전
(목표)이 없다' 고 답한 84%의 평균 소득보다 2배 이상 높았다.

　그런데 이 조사에서 가장 놀라웠던 결과는 '비전(목표)을 기록해
가지고 있다' 고 답한 사람의 평균 소득이 '비전(목표)은 있지만 기록
하지는 않았다' 고 답한 사람들보다 평균 10배 이상 높다는 점이었다.

꿈(비전) 유효 지수 알아보기

아래의 표는 현재 나의 비전에 대한 유효 지수를 알아보는 질문이다. 먼저, 해당 질문에 답하고 현재 나의 비전 유효 지수를 파악해 보자.

꿈 (비전) 유효 지수 알아보기

번호	질문 내용	체크	
		Yes	No
①	나는 내 꿈(비전)을 3초 이내에 즉각 대답할 수 있다	☐	☐
②	나는 인생 목표와 비전에 대한 구체적인 실천 계획을 가지고 있다	☐	☐
③	나의 꿈과 비전은 눈에 띄는 곳에 잘 부착되어 있다	☐	☐
④	꿈과 비전에 대한 실천 계획을 정기적으로 보완하고, 피드백을 실시하고 있다	☐	☐
⑤	나의 꿈과 비전을 생각하면 언제나 가슴이 설레고 기대가 된다	☐	☐

만약, 당신이 미래가 기대되는 3%에 해당하는 비전의 사람이라면 위 다섯 가지 항목에서 모두 'Yes'를 선택했을 것이다. 모두 아니라면, 최소한 ①②③번의 항목에는 반드시 'Yes'를 선택할 수 있어야 한다. 만약 그렇지 않다면, 더욱 집중해 '비전 만들기'에 몰입해야 한다.

나의 정체성 발견하기

전 세계 73억 인구 중에 나와 동일한 사람은 아무도 없다. 그래서 인구만큼 다양성이 존재한다. 타고난 성격이나 재능도 모두 제각각이다. 그래서 내 인생을 상품에서 작품으로 변화시킬 수 있는 시발점은 나의 정체성과 기질을 정확히 파악하는 일이다.

많은 사람이 '비전은 내가 꿈꾸는 미래의 모습'이라고 막연하게 생각한다. 틀린 얘기는 아니지만 너무 모호하다. 그 비전이 살아 움직이기 위해서는 철저하게 나의 것이어야 한다. 나의 성격, 나의 기질, 나의 신체 조건 등의 특성과 함께 스스로 컨트롤하기 어려운 내면의 소리에까지 관심을 기울여 나의 '정체성'을 발견하는 일이 중요하다. 그래서 비전을 세우는 작업은 나의 정체성에 목표와 방법을 접목하는 일련의 과정이라고 할 수 있다.

세계에서 가장 아름다운 조각상 중에 하나라고 불리는 미켈란젤로의 '다비드 상'의 일화를 살펴보자. '비전'을 발견하는 데 도움이 될 것이다.

미켈란젤로가 26세 때 조각했던 다비드 상의 재료였던 대리석은 재질이 너무 무르고 결이 좋지 않았다고 한다. 그래서 피렌체 대성당

의 작업장 한편에 방치되어 있었는데 미켈란젤로의 눈에 띄었다고 한다.

5m가 넘는 그 폐석을 그는 3년 동안 하루도 쉬지 않고 조각한 결과 정교한 다윗의 모습으로 탈바꿈시켰다. 그 놀라운 예술품을 보고 미켈란젤로에게 누군가 그 비법을 물었다고 한다.

"그 거대한 돌덩이를 어떻게 깎아 냈기에 이처럼 완벽한 다비드 상을 만들어 낼 수 있었습니까?"

이 물음에 미켈란젤로는 이렇게 말했다고 한다.

"제가 대리석을 조각해서 다윗의 모습을 만들어 낸 게 아니고, 그 대리석 안에 갇혀 있는 다윗의 모습을 보고, 저는 불필요한 부분을 떼어 내기만 한 것입니다."

미켈란젤로가 세계 최고의 명작을 만들어 낼 수 있었던 비법은 대리석 안에 갇혀 있던 다비드 상을 발견할 수 있었던 안목과 끈질긴 노력 그리고 그 모습을 돌에서 꺼낼 수 있는 인내력이 있었기 때문이다. 이처럼 타고난 자질이나 재능은 계발에 앞서 발견하는 것이다.

나는 누구인가에 대해 직접 적어보자

현재의 나는 과거의 시간이 만들어 낸 결과다. 그래서 나를 정확히 이해하기 위해서는 과거로부터 나의 모습을 반추해 봐야 한다. 이 기초적인 작업을 통해 나의 실체를 정확히 파악할 수 있고, 나의 정체성도 확인할 수 있다.

먼저, 내가 진정 원하고 바라는 것이 무엇인지를 구체적으로 확인해 보기 위해 아래의 질문에 답을 해보자.

① 내 인생의 최고 가치는 무엇인가?
(   )

② 지금까지 내 삶에서 가장 행복했던 일은 무엇인가?
(   )

③ 내가 현재 가장 잘할 수 있는 일은 무엇인가?
(   )

④ 내가 현재 가장 하고 싶은 일(직업)은 무엇인가?
(   )

⑤ 나는 인격적으로 어떤 사람이 되기를 원하는가?
(   )

※ 당장 대답할 수 없더라도 당황할 필요는 없다. 이 질문들은 뒤 이은 '나의 비전 만들기' 과정에서 자연스럽게 해결될 질문들이다.

이 다섯 가지 질문은 과거와 현재 그리고 미래의 내 모습까지 유추해 볼 수 있는 핵심 질문들이다.

첫 번째, '내 인생의 최고 가치는 무엇인가?' 는 삶의 철학과 가치관에 관한 질문이다. 내 삶의 목적과 의미가 바로 이 가치에 뿌리를 내리고 있기 때문이다. 그래서 이 질문은 내 비전의 핵심이 된다. 비전은 바로 이 가치를 실현하는 일련의 과정이 될 것이기 때문이다.

두 번째, '지금까지 내 삶에서 가장 행복했던 일은 무엇인가?' 는 행복 체감의 정도가 어떤 부분에서 가장 높은가를 알아보는 질문이다. 행복감을 강하게 느끼는 내 성향이 감정 부문인지 혹은 성취 부문인지를 알 수 있다. 이 성향을 통해 비전 수립 시 만족도가 높은 측면에 더 높은 비중을 두면 더욱 열정적으로 살아갈 수 있다.

세 번째, '내가 현재 가장 잘할 수 있는 일은 무엇인가?' 는 나에 대한 강점을 정확히 파악하기 위함이다. 대부분 자신의 장점은 후천적인 노력보다는 선천적으로 타고난 경우가 많다. 이 장점을 잘 활용하면 더욱 높은 효율을 이끌어 낼 수 있다.

네 번째, '내가 현재 가장 하고 싶은 일(직업)은 무엇인가?' 는 향후 직업으로 어떤 일을 원하는가, 그리고 현재의 일(직업)과 일치하고 있는가를 알아보기 위한 질문이다. 내가 원하는 일이 나의 장점을 잘 활용할 수 있는 일이라면 더할 나위 없겠지만, 만약 그렇지 않다면 전직도 과감히 고려해 봐야 할 것이다.

마지막 다섯 번째, '나는 인격적으로 어떤 사람이 되기를 원하는가?' 는 추구하는 인격과 인품에 대한 질문이다. 인격적으로 다듬어지지 않는 사람은 주위 사람들에게 불편함을 주고, 행복을 온전히 향유하지 못할 가능성이 크다. 그래서 인격적으로 롤 모델이 될 만한 사람의 품성을 목표로 지속적으로 노력할 필요가 있다.

나만의 비전 만들기 비법

비전은 '내가 하고 싶은 일(Want)', '내가 잘할 수 있는 일(Well)', '내가 해야 하는 일(Must)'의 조합이다.

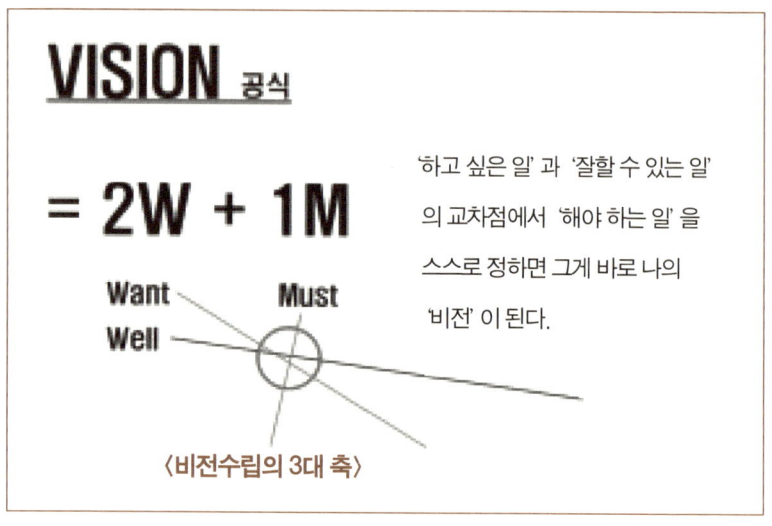

이 세 축이 교차하는 지점에서 만들어진 비전이 삶에 활력을 불어넣고, 설렘으로 하루하루를 살아갈 수 있는 생명력 있는 비전이다.

이 과정에서 한 가지 주의할 점은, 이 세 단계의 순서가 뒤바뀌는 일이다. 만일 현재 환경과 역량을 고려하여 '잘할 수 있는 일'을 가장 먼저 생각하게 되면, 현실 타협과 좌절에 익숙해진 자아가 현실의 벽을 지나치게 높게 의식하게 된다. 따라서 마음 속의 '바람' 이나 '꿈', '소망' 등을 제대로 펼치지 못하게 된다.

그리고 '해야 하는 일' 을 먼저 생각하게 되면, 매일 반복되는 일상도 버거운데, '해야 하는 일' 은 또 다른 하나의 짐처럼 느껴져 답답함이 가중될 수 있다.

그래서 '희망', '열정' 이 절로 솟는 '내가 하고 싶은 일' 을 가장 먼저 떠 올리고, 이들 중에서 '내가 잘할 수 있는 일' 을 선택한 후, '내가 해야 하는 일' 로 비전의 완성도를 높이는 게 바람직하다.

이제 우리는 이 세 가지 질문에 구체적으로 답하는 시간을 갖게 된다. 하지만 그 중, '하고 싶은 일' 에 대한 답은 앞서 경험한 바와 같이 생각처럼 쉽게 나오지 않을 것이다.

이 때 도움이 되는 발상법이 하나 있다. 그것은 바로 내 인생을 상황극으로 설정해 보는 것이다. 그래서 그 연극에서 내가 맡고 싶은 역할을 맘대로 고르는 것이다. 그렇게 하면, 막연하던 나의 바람이 보다 명확하게 드러난다. 그리고 내가 맡고 싶은 그 역할을 현실로 가져오기만 하면 된다.

♣ Step1 : 내가 '하고 싶은 일(Want)' 은 무엇인가?

내가 '하고 싶은 일' 은 두 가지 측면으로 나누어 생각해 볼 수 있다. 첫 번째는 '갖고 싶은 직업은 무엇인가' 와 두 번째는 '성취하고 싶은 일은 무엇인가' 다. 이 두 가지 중에 좀 더 본질적이고 장기적인 선택은 '내가 성취하고 싶은 일' 이 되겠지만, 대부분의 비전이 경제적인 활동과 연관되어 있기에 두 가지를 함께 고려하는 게 더 현실적이다.

먼저, '원하는 직업' 에 대해 생각해 보자. 원하는 직업을 기록하는 데 있어 현재 직업이 있는 사람이라도 현재의 직업에 연연하지 말고 진정으로 원하는 직업을 적어 보자. 마치 연극에서 맡고 싶은 주인공의 직업을 고르듯 말이다. 이때 주의해야 할 점은 직장인, 전문직 등과 같은 추상적인 내용보다는 좀 더 구체적인 설명과 함께 그 업(業)의 최종 목표를 적도록 한다.

예를 들면 '직장인' 은 직책 측면에서 '전문 경영인(CEO)' 혹은 자격 측면에서 해당 부문 '기술사' 등으로, '전문직' 은 의사나 약사, 변리사 등 구체적으로 기록하는 게 좋다. 마땅히 직업이 생각나지 않는다면 '비전을 강의하는 사람' 등과 같이 '~하는 사람' 으로 우선 기재해도 괜찮다. 그리고 내가 원하는 직업을 적을 때 현재 상황이나 스스로를 가두는 한계는 잠시 접어 두고 자신이 진정으로 원하는 직업이나 일을 적어 보자. 꿈의 크기와 성취의 크기는 비례한다. 돈 드는 일도 아닌데 기왕이면 큰 인생을 꿈꿔 보자. 비전수립의 첫 단계에서 필요한 것은 현실에 찌든 비관론자의 시각이 아니라, 희망과 꿈의 나래를 맘껏 펼친 낙관론자의 시각이다.

① 내가 '원하는 직업'은 무엇인가?

① (   )
② (   )
③ (   )
④ (   )
⑤ (   )

두 번째로, 내 인생을 통틀어 꼭 '성취하고 싶은 일'을 적어 볼 차례다. 너무 막연해 잘 떠오르지 않는다면, 위에서 기재했던 5가지 '원하는 직업'을 통해 최종적으로 달성하고 싶은 목표를 적어도 좋다.

예를 들어, 원하는 직업으로 '비전을 강의하는 사람'이라고 적었다면, '나를 통해 새로운 비전을 세우고 목적 있는 삶을 살기로 작정한 사람 1만 명 만들기'라고 목표를 세울 수도 있다.

또한 사회적 지위 혹은 부(富)의 크기, 명예 등과 관련한 내용을 적어도 좋다. 예를 들면, 100억 원대 부자도 좋고, 100명 이상의 직원을 둔 기업 사장 혹은 대통령, 법관, 과학자 등이 되고 싶을 수도 있다. 슈바이처 박사처럼 '아프리카 사람들을 위해 나의 남은 삶을 바치겠다'는 것과 같은 신념이나 바람 그리고 소명 의식도 좋고, '평생 100개국 여행'과 같은 개인적인 바람을 적어도 좋다.

그 내용이 무엇이든 '내가 꼭, 성취하고 싶은 일'을 적어 보자. 생각만 해도 흥분이 되고 행복해지는 일, 당장 죽어도 소원이 없겠다는 마음의 간절한 소망을 적어 보자.

② 나는 '어떤 것을 성취' 하고 싶은가?

①(   )
②(   )
③(   )
④(   )
⑤(   )

내가 '원하는 직업' 과 '성취하고픈 일' 을 모두 기재했다면, 서로 연관
될 수 있는 항목끼리 묶어 하나의 문장으로 만들어 보자.
예를 들어 '원하는 직업' 이 전문 경영인(CEO)이고, '성취하고픈 일' 이
'사회사업(社會事業)' 이라고 한다면 "전문 경영인이 되어 소속된 기업
을 세계 100대 기업으로 성장시키고 또 공익사업의 일환으로 종합 복
지타운을 창립해 사회 공익에 이바지한다." 등 '내가 하고 싶은 일' 을
구체화시킬 수 있다.
그 외에도 '원하는 직업' 과 '성취하고픈 일' 을 서로 연관시켜 많은 조
합을 다양하게 만들어 낼 수 있다. 이렇게 조합된 문장을 오른편의 빈
칸에 다섯 개 정도로 압축해 적어 보자. 만약 직업과 성취하고픈 일과
의 연관 관계를 찾을 수 없다면 '성취하고픈 일' 상위 세 개, '원하는

직업' 상위 두개를 골라 아래 빈칸에 다시 적도록 한다.

여기서 한 가지 꼭 기억해야 할 일이 있다. '내가 하고 싶은 일' 을 구성하는 '원하는 직업' 과 '성취하고픈 일' 의 중요도 비율은 4:6 정도다. '성취하고픈 일' 이 더 중요하다는 것이다. 그래서 '성취하고픈 일' 을 위한 직업이라면 더할 나위 없이 좋다.

재차 이르는 주의 사항은 '내가 하고 싶은 일' 을 기술할 때, 자신이 생각하는 한계나 여러 상황을 염두에 두고 그 바람의 내용을 축소하거나 포기해서는 안 된다는 것이다. 비전을 성취해 가는 과정은 현실 타협이 아니라, 현실과 미래 개척이기 때문이다.

〈 내가 '하고 싶은 일' 은 무엇인가? 〉

① [   ]

② [   ]

③ [   ]

④ [   ]

⑤ [   ]

♣ Step2 : 내가 '잘할 수 있는 일(Well)' 은 무엇인가?

이 단계에서는 '내가 하고 싶은 일' 가운데 내가 더 잘할 수 있는 분야
를 선택해 역량을 집중함으로써 '비전 성취' 의 가능성을 더욱 높일 수
있다.

사람은 누구나 자신의 강점과 약점 그리고 잠재력을 가진 분야가 다르
기 때문에 강점과 잠재력을 100% 발휘할 수 있는 부분의 꿈을 구체화
하는 것이 'Step2' 에서 지향하는 목표다.

이 과정에서는 환경과 타고난 장단점을 객관화하는 툴(Tool)로
'SWAD 매트릭스' 를 사용해 볼 수 있다. 이것은 알버트 험프리가 고안
했던 기업 경영 환경분석 툴인 'SWOT 분석' 을 변형한 것이다.

'SWAD 매트릭스' 는 나의 역량과 외부 환경 중, 유리(Advantage)한 점
을 최대한 활용하면서도 불리(Disadvantage)한 요소는 피하기 위해서
다. 또한 강점(Strength)은 최대한 활용하면서도 약점(Weakness)은 보
완 혹은 극복하기 위한 내용을 간략하게 정리할 수 있는 툴이다.

이 'SWAD 매트릭스' 를 적절히 활용한다면, 위에서 기술한 '내가 하고
싶은 일' 에 기록했던 항목 중에서 성취 가능성이 가장 높은 비전을 효
과적으로 선택하는 데 도움이 된다. 물론 가장 중요한 선택의 기준은
간절한 바람과 자신감임은 불변이다.

먼저, 자신의 역량이나 성향 등을 장점과 약점으로 나누어 생각해 보
고, 다시 가족과 친지들 그리고 나를 둘러싼 외부 환경 측면에서 나에
게 더욱 유리한 점 혹은 불리한 점을 구분해 기술한다. 여기서 주의할
점은 자신의 역량이나 성향은 스스로 인식하는 것과 주위 사람들이 인

식하는 게 다를 수 있다. 따라서 주위의 신뢰할 만한 사람에게 자신의 장점에 대해 얘기를 들어 보는 것도 역량을 객관화하거나 재능을 발견하는 데 도움이 된다.

이렇게 나의 내부 환경과 외부 환경을 기록한 후, 강점과 유리한 점이 만나는 'SA 영역'을 주의 깊게 관찰해 '내가 하고 싶은 일들' 중에 이 영역에 가장 부합하는 것을 선택하면 된다.

강점과 유리한 환경이 일으키는 시너지 효과를 아래 표의 우측에 구체적으로 기술해 보자. 바로 이 영역이 자신의 역량과 환경의 시너지가 가장 극대화되는 영역이기 때문에 더욱 자신감을 얻게 될 것이다.

SWAD 분석표

내부 환경 (역량&성향) / 외부 환경 (가족&환경)	강점(Strength)	약점(Weakness)
유리(Advantage) (우측 작성)	SA (우측 작성)	WA
불리(Disadvantage)	SD	WD

▶

나의 강점(Strength)
①
②
③

유리(Advantage)한 환경
①
②
③

SA 영역(시너지 효과)

71

이 'SA 영역'의 시너지가 '내가 하고 싶은 일'과 제대로 접목되었을 때, 내가 생각한 비전에 날개를 다는 것과 같은 효과가 나타난다.

그래서 'SA 영역'의 측면에서 '내가 하고 싶은 일'을 냉철하게 바라보고 또 '내가 하고 싶은 일 중에 잘할 수 있는 일'을 찾아 나만의 비전을 확정한다.

♣ Step3 : 내가 '해야 하는 일(Must)' 은 무엇인가?

성취와 행복 그리고 자존감까지 높이는 생명력 있는 비전을 만들기 위해서는 나와 가정의 범위를 넘어, 기업과 사회 그리고 국가와 인류 공영에 일익을 담당하겠다는 다짐까지 녹아 있어야 한다. 비전에 광범위한 가치와 신념 그리고 소명의식이 없다면 그저 단순한 인생 목표에 지나지 않는다.

역사의식이나 사명감이 없는 비전, 개인의 욕심이나 허영에서 비롯된 비전, 공동의 선(善)에 이바지 하지 못하는 비전은 생명력을 유지하기도 어렵고, 스스로 자부심을 갖기도 힘들다.

긍정심리학자인 마틴 셀리그먼은 인생의 행복과 보람을 구성하는 요소로 '현재의 즐거운 삶', '일과 사랑 그리고 취미 등을 통한 만족스러운 삶', '이타적인 일에 집중하는 의미 있는 삶'에 주목하고 있다. 그 중 '의미 있는 삶'이 가장 오래 지속되는 큰 기쁨을 선사한다고 강조한다. 사람은 누구나 자신이 중요하며 고귀한 사람이라는 것을 늘 확인하고 싶어하는 자존의 욕구가 있기 때문이다.

우리나라 기업인으로서 지금까지도 존경받고 있는 유일한 박사의 유언장을 보면, 그가 평소에 어떤 마음가짐으로 자신의 비전을 실천했었는지를 엿볼 수 있다.

○ 손녀에게는 대학 졸업 시까지 필요한 학자금 1만 불을 남긴다.

○ 딸에게는 유한공고 안에 있는 묘소와 주변 땅 5천 평을 물려준다.
  단, 그 땅을 유한동산으로 꾸미고 그 동산에는 학생들이 마음대로
  드나들도록 하라.

○ 내 명의의 주식은 전부 한국 사회 및 교육 기금에 기증한다.

○ 아내는 딸이 잘 돌보아 주기 바란다.

○ 아들은 대학까지 졸업시켰으니, 앞으로는 자립하여 살아가거라.

유일한 박사는 생전에도 많은 사회사업과 투명경영을 실천해 많은 사
람들로부터 존경을 받았다. 하지만 그의 유언을 통해 사후에도 본인의
인생철학을 가족과 회사가 이어가도록 했다. 유일한 박사의 유지(有志)
를 끝까지 받들었던 딸은 20년 뒤 세상을 떠나면서 아버지가 남겨 준
마지막 재산마저 모두 사회에 환원했다고 한다.

세계 최고의 부호(富豪)인 빌 게이츠도 "재산의 사회 환원은 자식들에
게 물려주는 것보다 훨씬 더 큰 기쁨을 안겨 줍니다." 라고 말하며 400
억 달러가 넘는 재산을 빈곤 및 질병 퇴치를 위해 내놓은 바 있다. 그리
고 주식 부자인 워렌버핏도 자신의 재산 중 85%를 기부해 우리 사회에
잔잔한 파문을 일으킨 바 있다.

이러한 내용을 바탕으로 비전을 수립하면서 내가 바로 실천할 수 있는
이웃사랑 방법을 생각해 보자. '공중도덕을 잘 지키겠다.', '내 소득의
1%를 이웃돕기에 쓰겠다.', '한 달에 한 차례씩 봉사활동을 하겠다.',

'자연보호에 동참하겠다.' 등 일상의 소소한 다짐으로도 충분한 의미가 있다.

사실 우리가 평생 양보하고 산다 해도 그 길이가 100m를 넘지 않고, 그 시간이 1시간을 넘지 않을 것이다. 그러나 이 작은 결심 하나만으로도 세상은 조금 더 나은 곳으로 변한다. 내가 세상을 살기 좋은 곳으로 바꾸는 주인공이 되는 것이다.

〈 내가 '해야 할 일(Must)' 은 무엇인가? 〉

단기적인 일

[1.   ]

[2.   ]

[3.   ]

※ 가족과 이웃을 위해 지금 당장 실행할 수 있는 일
  (생활화되면 다른 것으로 지속적으로 바꿀 것)

중 · 장기적인 일

[   ]

※ 이웃과 사회를 위해 중장기적으로 실행할 일
  (비전의 달성도에 맞추어 지속적으로 수정할 것)

비전 확정하기

　'나의 비전 만들기'에서 우리는 이미 내가 '하고 싶은 일(Want)'과 '잘할 수 있는 일(Well)' 그리고 '해야 하는 일(Must)'의 작성을 통해 비전의 틀을 마련했다.

　이제 나의 비전을 확정하는 일이 남았다. 먼저 내가 '하고 싶은 일'에서 작성했던 직업과 성취하고 싶은 일을 놓고, SWAD분석을 통해 발견한 나의 장점과 환경의 장점을 대입시켜, 가장 성취 가능성이 큰 직업과 일을 확정한다. 그리고 마지막으로 '해야 할 일'을 덧붙여 비전의 완성도를 높인다.

　비전 확정 과정(Flow)을 표로 나타내면 다음과 같다.

〈 비전 확정 Flow 〉

Step 1 : 내가 '하고 싶은 일(Want)'
↓
Step 2 : 내가 더 '잘 할 수 있는 일(Well)'
↓
Step 3 : 내가 '해야 하는 일(Must)'
↓
나의 비전 : Step 1 + Step 2 + Step 3

〈비전 확정 Flow〉를 좀 더 구체적이고 자세하게 기술하기 위해서는 아래의 〈비전 완성 시트〉를 활용하면 된다. 이해를 돕기 위해 하나의 예를 들었다. 전체적인 비전 확정의 흐름을 숙지하고, 나만의 비전을 완성해 보자.

※ 비전 시트 작성 (예)

구분	관련 항목	내 용	일정(나이)	준비 사항
① 하고 싶은 일 ↓	직업 (최종 목표)	전문 경영인 (CEO)	55	경영학 석(박)사
	성취 (직업 外)	사회사업 (종합 복지타운 창설)	60	세계 100대 기업
② 잘할 수 있는 일 ↓↓	내부 역량 강점 (역량&성향)	· 논리력, 결단력, 글쓰기 · 긍정 · 목표 지향적 성향 · 기획+PR+마케팅 역량	-	자기계발 Plan
	외부 환경 강점 (가족&환경)	· 화목한 가정환경 / 신앙 · 폭넓은 인적 네트워크	-	가정 및 인적 네트워크 Plan
③ 해야 하는 일 ↓↓↓	단기(短期) (가족&이웃)	· 좋은 남편, 좋은 아빠 · 행동하는 모범 시민	매일	가정 Plan 이타적 가치관
	장기(長期) (이웃&사회)	· 선한 영향력을 미치는 이웃 · 소외 계층 돕는 사회사업	65	이타적 인생관 소명의식 제고
나의 비전 (①+②+③)	□ 비전 : 전문 경영인(CEO)이 되어 소속된 기업을 세계 100대 기업으로 성장시키고, 공익사업의 일환으로 종합 복지타운을 창립해 사회에 이바지한다. □ 비전 Key Word : 전문 경영인(CEO) / 사회사업(종합 복지타운)			

삶을 통째로 바꿀 수 있는 살아 있는 비전은 간절한 소망, 인생관과 가치관 그리고 소명 의식까지 녹아 있어야 한다. 또 가슴이 두근거릴 정도로 미래의 모습이 분명히 나타나야 한다. 그래야만 미래의 모습을 통해 현재 내가 해야 할 일도 명확하게 규정할 수 있다.

□ 비전 시트 작성

구 분	관련 항목	내 용	일정(나이)	준비 사항
① 하고 싶은 일 ↓	직업 (최종 목표)			
	성취 (직업 外)			
② 잘할 수 있는 일 ↓↓	내부 역량 강점 (역량&성향)			
	외부 환경 강점 (가족&환경)			
③ 해야 하는 일 ↓↓↓	단기(短期) (가족&이웃)			
	장기(長期) (이웃&사회)			
나의 비전 (①+②+③)	□비전 : □비전 Key Word :			

□ 비전 선언서 완성 (예)

비전 선언서

□ **작성자 : 이 훈**   □ **작성일 : 2016. 01 . 25**

■ **나의 비전 Key Word**

전문경영인(CEO) / 사회사업(종합복지타운)

■ **나의 비전**

전문경영인(CEO)이 되어 소속된 기업을 세계 100대 기업으로 성장시키고, 공익사업의 일환으로 종합복지 타운을 설립해 사회에 이바지 한다.

■ **생활신조 & 삶의 원칙**

진인사대천명(盡人事待天命)

先 기도, 常 감사

□ 비전 선언서 (작성)

비전 선언서

□ 작성자 :   □ 작성일 : 20   .   .

■ 나의 비전 Key Word

_____

■ 나의 비전

_____

_____

_____

■ 생활신조 & 삶의 원칙

_____

_____

동(East)에서부터 여명이 밝아온다.
칠흑 같은 어둠을 헤치고 태양이 떠오른다.
생명을 살리는 에너지가 발동하니
만물이 힘을 얻고 번성한다.

삶의 푯대인 비전(Vision)을 마음에 품었다.
희망과 기대로 열정이 살아난다.
미래에 대한 설렘과 다짐을
마음속에 목표로 새겨 넣어라.

2장

동(East) : 비전의 아침 맞이하기
(Vision Management)

1) 첫 번째 단계 : 비전 경영(Vision Management)하기

<u>비전에 생명력을 불어넣으려면</u>
<u>구체적인 목표를 세우고 기한을 정하라</u>

우리는 삶의 북극성인 비전을 만들었다. 그 자체만으로도 우리의 인생은 엄청난 삶의 에너지로 넘친다. 이미 행복한 성공과 성취가 시작된 것이다.

동서양을 막론하고 지금까지 비전을 이루고 의미 있는 삶을 살았던 사람들은 모두 비전과 목표를 분명하게 세웠다. 이처럼 인생의 푯대는 비전이다. 수많은 성공 학자들의 조사에 의하면 인류의 약 95%는 자신의 인생 목표를 글로 기록한 적이 없다고 한다. 그러나 자신의 비전과 목표를 글로 기록한 5%의 사람들 중 95%가 자신의 목표를 성취했다고 한다.

그렇기에 지금 비전 여행을 함께하고 있는 독자들은 이미 95% 이상 자신의 비전과 목표를 성취할 사람들이다. 또 행복하고 의미 있는 삶을 살아가는 사람들이다. 그러나 비전은 실천으로 완성되는 것이지, 꿈꾸는 것만으로는 부족하다.

비전을 성취하기 위해서는 비전을 형상화한 목표가 있어야 하고, 이 목표를 효율적이고 효과적으로 달성할 수 있는 전략과 방법이 뒤따라야 한다. 원하는 성취는 한순간의 감정이나 열정만으로 이룰 수 있는 것이 아니기에 확고한 비전, 정교한 실행 전략 그리고 과감한 행동으로 지속적인 노력을 기울여야 한다. 그리고 그 선순환 구조를 습관처럼 체화해야 한다.

우리는 매일 삶의 계좌에 86,400초라는 기회 자원을 지급받는다. 이 한정된 시간을 효율적으로 활용하기 위해서는 가치 있는 일을 선택하고 집중해야 한다.

비전을 향해 올곧게 나아가는 방향성, 효과적인 시간의 활용 그리고 선택과 집중을 통한 목표달성을 지속할 수 있는 선순환 구조를 시스템화하는 것이 비전 경영의 핵심이다.

비전 성취 메커니즘이란?

비전을 실현하는 과정은 빙과(氷菓)를 만드는 과정과 매우 흡사하다.

① 빙과를 만들어 먹을 생각을 한다.(비전 & 바람) → ② 빙과 만들 것을 결심한다.(작심 & 각오) → ③ 빙과 종류를 결정하고 얼음 틀을 마련한다.(계획 수립) → ④ 내용물을 용기에 담는다.(실행) → ⑤ 0℃ 이하의 냉동고에 넣고 기다린다.(노력 & 인내) → ⑥ 내용물이 동결하기 시작한다.(변화되는 삶) → ⑦ 완전히 동결된다.(성취) → ⑧ 완성된 빙과를 꺼내 먹는다.(행복 & 보람 & 만족)

이 비전 성취 메커니즘을 사칙연산으로 표현할 수도 있다. 나의 비전에 기한을 더하면 '목표'가 되고, 그 목표를 시간으로 나누면 '계획'이 되며, 그 계획에 실천을 곱하면 그 꿈은 '성취' 된다.

〈비전 성취 사칙연산 메커니즘〉

① 목표 = 비전 + 기한

② 계획 = 목표 ÷ 시간

③ 성취 = 계획 × 실천

④ 피드백 = 성취 습관 - 성취 방해 습관

여기에 피드백을 추가해 성취 습관에서 성취 방해 습관을 빼면, 목표 달성의 효율을 높이는 방법이 되어 더욱 탄탄한 비전 성취 메커니즘이 완성된다.

미국의 필 그램 박사가 자신의 분야에서 큰 성공을 거둔 사람들을 분석한 결과 성공 인자 5가지를 발견했다고 발표한 바 있다. 그 사람들의 공통점 중 첫째는 '명확한 Vision' 을 소유했다는 것이다. 비전과 꿈이 확실하고 그 신념이 강할수록 성공 확률이 높다는 것이다.

두 번째는 '확실한 전략과 계획' 을 가지고 있었고, 세 번째는 '굳은 의지로 실천' 했다는 것이다. 우리가 계획한 것을 성취하지 못하는 단한 가지 이유는 실천하지 않았거나 중도에 포기했기 때문이다.

네 번째는 '위험을 감수' 할 수 있는 배짱이 있었다는 것이다. 비전이 클수록 감내해야 할 일이 많아져, 결단에 필요한 용기와 의지도 커지기 마련이다. 이들은 닥친 문제를 회피하거나 외면하지 않고 현실 직시를 통해 문제를 자각하고, 문제 해결을 위한 도전을 멈추지 않던 사람들이다.

마지막 다섯 번째는 '열정의 소유자' 였다. 어떤 성취도 열정 없이 이루어진 예는 없다고 단언한다. 성취는 머리로 하는 게 아니라, 끓어 오르는 가슴이 만들어 내는 실행으로 완성되는 작품이기 때문이다.

이번 장(章)에서는 삶을 6가지 부문으로 나누어 비전을 실현할 수 있는 목표를 구체화하고, 그 목표를 효과적으로 실현하기 위한 방법을 제시한다.

이 비전 성취 전략은 나의 한정된 시간 자원과 물적 자원 그리고 역량 자원을 기반으로 한다. 이들 자원 중 어디에 우선순위를 두고 또 어떻게 배분할 것인가를 정하고, 비전을 성취하기 위한 수단과 방법을 구체화하는 것을 말한다.

이 전략을 효과적으로 수행하기 위해서는 먼저 '성취 시각', '성취 행동', '성취 습관'에 대한 사전적 이해가 필요하다.

♣ 성취 시각 : 헬리콥터 뷰(View)

지금까지 많은 것을 성취한 사람들은 최소 20년 이상의 미래를 생각하고 계획을 세웠던 장기적 시각을 가진 사람들이었다. 당장의 이익에 치우치지 않고 먼 미래적 관점에서 오늘을 준비하는 지혜를 가졌다.

장기적인 시각을 갖는다는 것은 비전과 꿈을 바라본다는 의미 외에 장기적인 큰 이익을 위해, 눈앞의 작은 이익을 참아 낼 수 있는 능력이 있다는 의미다. 다시 말해 행동 하나하나에 더욱 신중을 기울인다는 뜻이다.

장기적인 시각을 갖게 되면, 감정의 기복을 조절할 수 있는 장점도 있다. 눈 앞에 펼쳐진 파고도 수평선만큼 멀리 떨어진 잔잔함으로 볼 수 있는 여유가 생기는 것이다. 그 일관성이 시간에 따라 숙성되면 태풍도 담아내는 넓은 마음의 그릇으로 성장할 수 있다.

비전성취 전략을 수립할 때도 마찬가지다. 세부적인 나무에 집중하기에 앞서 전체적인 인생의 숲을 관망할 수 있는 시각의 폭을 유지해야 한다.

현실에 충실하다 보면 원하는 바를 이룰 수 있다는 허상을 가지고 있는 사람들이 많다. 이는 곧 망망대해에서 노만 열심히 저으면 어디엔가 도달할 수 있다는 얘기와 같다. 그런데 미래의 명확한 도달점이 보이지 않고, 원하는 모습이 그려지지 않는데 어떻게 현재에 충실할 수 있는 열정이 생겨난단 말인가. 우리는 이미 막연한 곳에까지 열정을 쏟을 만한 여력이 있는 시대에 사는 사람들이 아니다.

비전은 미래의 바람직한 나의 모습이다. 그 미래에서 현재의 위치를 바라보는 것이 지름길을 발견하기에 가장 효과적인 방법이다. 그러나 이때 주의해야 할 것이 하나 있다. 비전은 일생 동안 유지되는 지속성을 갖지만, 성취 전략은 정한 기간 안에 달성해야 할 구체적인 목표로 이루어져 있기 때문에 그 기간이 지나치게 짧아도 안 되지만, 지나치게 길어도 효율이 떨어질 수 있다.

헬리콥터가 날고 있는 모습을 떠올려 보자. 헬리콥터의 비행고도 정도면 적당하다. 전체적인 조망도 가능하면서 디테일도 관리할 수 있기 때문이다. 적당한 시간의 길이와 목표의 수준을 유지하는 성취 시각을 갖도록 노력하자.

♣ 성취 행동 : '~하라' 〉 '~마라'

비전은 동적(動的)인 속성이 있다. 그러므로 두발자전거를 탈 때처럼 전진해야 중심을 잃지 않고 또 넘어지지 않는다. 반면 정적(停的)인 비전은 몽상의 다른 말이다. 몽상가는 말은 많되, 행동은 없다. 그러나 비전을 성취하는 사람들의 특징은 행동으로 모든 것을 말한다. 그리고 비전이 있는 사람들은 힘들고 고달파도 계속 전진한다. 그러나 몽상가는 조금만 힘들어도 멈추고 포기한다. 이렇게 살아 있는 비전은 그 속성 자체가 전진의 성격을 가지고 있다.

특히, 성취하는 행동은 능동적인 '~하라'의 특성이 있다. 수동적인 '~마라'는 그 효과가 떨어지기 때문이다. 예를 들어, 체중 감량을 결정한 두 사람이 있다고 하자. 한 사람은 "나는 운동을 열심히 해서 살을 뺄 거야."라고 말하며 계획을 세우고, 또 다른 한 사람은 "나는 밥을 굶어서 살을 뺄 거야."라고 결심했다고 하자. 이때, 바로 전자의 경우가 "능동적인 '~하라'"의 경우이고, 후자가 "수동적인 '~마라'"의 경우인 것이다.

이 두 종류의 결심이 체중 감량이라는 원하는 결과를 가져왔다고 하더라도 그 내면에 자리하고 있는 성과의 질은 엄청난 차이를 드러낸다. 능동적인 '~하라'를 선택한 사람은 체중 감량과 함께 탄탄한 근육질의 균형 잡힌 몸매를 가진 건강체를 갖게 되고, 수동적인 '~마라'를 선택한 사람은 요요현상을 걱정해야 하는 허약한 몸을 갖게 된다.

체중 감량의 목적이 건강 증진과 외모 개선이었다면 능동적인 '~하라'는 두 가지를 모두 취하게 된 것이고, 수동적인 '~마라'는 불완전한 한 가지 만을 취하게 된 것이다. 결국 외모 개선보다 더 중요한 건강을 잃어버리는 결과를 초래한다. 전투에서 승리하고 전쟁에서 패하는 어리석음을 범할 수 있다는 얘기다.

따라서 비전 성취 전략을 수립하는 데 있어 목표나 행동 방침도 능동적인 '~하라'를 선택하는 게 여러모로 유익하다. 능동적인 '~하라'가 채워지는 '+ (플러스) 속성'이라면, 수동적인 '~마라'는 비워지는 '- (마이너스) 속성'이기 때문이다.

성취하고 성공하려거든 '+ (플러스)' 사고를 하라. '- (마이너스)' 사고는 결국 실패를 낳는다.

♣ 성취 습관 : 인내와 절제 그리고 열정

성취의 전제 조건은 '실행'이다. 모든 성취는 생각하는 사람에 의해 이루어지는 게 아니라, 행동하는 사람에 의해 이루어진다. 비전 성취도 마찬가지다. 행동 없는 비전은 백일몽(白日夢)에 지나지 않는다.

성취하는 방법을 몰라서 성취하지 못하는 사람은 거의 없다. 체계적인 비전 관리와 효과적인 방법 그리고 지속적인 실천을 뒷받침할 수 있는 열정을 유지할 '인내와 절제'라는 '참음'이 부족하기 때문이다. 하지만, 편함을 좇고 고단함을 꺼리는 생명체의 속성상 '참음'이라는 대상은 태산보다 커 보인다. 이것이 정상을 맛본 사람들이 적은 이유다.

개인보다 목표 달성도가 상대적으로 높은 기업체에서는 직원들에게 당근과 채찍이라는 관리 방식을 통해 목표에 대한 근접성을 높인다. 직원들을 독려해 신바람을 불어넣기도 하고, '통제와 규제'라는 방법을 통해 나태해짐을 방지하기도 한다. 이 관리법이 기업의 목표 달성도를 높이는 비결이다.

성취에 있어, '참음'은 대단히 중요한 요소다. 이 '참음'이라는 태산은 '인내'와 '절제'라는 두 봉우리로 되어 있는데, 언뜻 보기에 비슷해 보이는 두 단어지만, 그 낱말이 품고 있는 의미는 조금 차이가 있다. 인내는 '해야 할 일을 참고 하는 것'이고, 절제는 '하지 말아야 할 것을 참고 하지 않는 것'이다.

나의 '참을 만큼'을 넘어서는 '참음'도 연습과 극복의 경험을 통해 자라날 수 있다. 마음속으로 숫자를 세거나, 기도를 하거나, 회피하는 방법을 동원해서라도 그 '참음'을 넘어서는 경험을 해 보라. 가슴 벅찬 성취의 열매는 그 '참음'의 '깔딱 고개' 바로 뒤에 존재하는 경우가 대부분이다. 바로 그 고비가 성공의 임계점(臨界點)이 되는 것이다. 물은 99℃까지 아무런 변화가 일어나지 않는다. 그러나 1℃가 더해진 100℃에 도달하면 마침내 끓어오르며 기화한다. 큰 열차도 움직일 수 있는 에너지가 생기는 것이다. 그 100℃가 바로 임계점이다.

그러나 99℃에서 1℃를 더하기 위한 에너지는 다른 구간에서의 에너지 소비와는 그 차원이 다르다. 임계점을 채우기 위한 그 1℃의 에너지는 1℃의 물을 50℃까지 데우는 데 필요한 에너지의 크기와 비슷하다. 실패를 성공으로 바꾸는 그 임계점을 넘어서기 위해서는 젖 먹던 힘까지 동원한 마지막 '참음'의 단계가 있어야 하는 것이다.

삶의 영역별 목표 설정하기

비전은 인생 전체에 대한 방향 설정이고 또 나아가야 할 지표이기에 삶의 각 영역에서의 목표가 비전의 방향과 동일하게 정렬되어야 한다. 삶의 영역은 나의 가치관과 핵심가치 그리고 사회적 위치에 따라 크게 분류될 수 있다. 한 가정의 가장과 자녀, 직장인, 사회인 혹은 학생으로서 다양한 역할을 감당해야 할 바로 이 영역에서 비전을 성취할 수 있는 목표들을 각 각 설정해 성취할 내용과 방법을 구체화하는 것이 '목표 실천전략' 이다.

핵심 가치는 비전 실현을 위한 우선순위의 설정이라고 할 수 있는데, 사람에 따라 핵심가치는 모두 다르게 나타날 수 있다. 우리나라 사람들이 생각하는 핵심 가치는 대략 다음과 같다.

행복, 부자, 성공, 권력, 건강, 가족, 사랑, 비전, 꿈, 희망, 성실, 전문성, 봉사, 베풂, 질서, 재테크, 신념, 자녀 성공, 결혼, 가정, 경제적 자립, 배우자, 효도, 가족, 종교, 직업, 구원, 깨달음, 리더십, 평화, 자존감, 책임감, 마음의 평화, 삶의 질, 긍정적인 태도, 즐거움, 자신감, 자제력, 능력, 창조성, 멋진 체형, 용서, 관용, 우정, 친구, 자기계발, 집장만, 진학, 여행 등이다. 비전 실현을 위해 이 다양한 핵심 가치를 삶의 각 영역에서의 목표로 재구성하고 또 우선순위를 정해 관리하는 것이 곧 비전 경영이다.

♣ 인생의 핵심 가치 정립하기

앞에서 열거했던 핵심 가치들을 삶의 영역별로 묶어 보면, 대략 6가지 영역으로 정리할 수 있다.

인생의 핵심 가치 중 최고인 비전(꿈)은 내 삶의 목적이자, 존재의 의미 그 자체로 작용하기 때문에 이미 앞서 별도로 각자의 비전을 만들어 보았다. 그리고 행복 역시 인생의 최고 가치이기는 하지만, 삶 전체에서 문득 문득 느끼는 기분 좋은 감정이므로 한 부문의 목표가 될 수 없어 6가지 영역에서는 제외했다.

● **인생의 핵심 가치 : 비전 & 꿈 & 행복**

● **삶의 6가지 영역**

1. 건강 & 취미 : 마음의 평화, 긍정적 태도, 멋진 체형, 여행

2. 가정 & 가족 : 사랑, 자녀 성공, 결혼, 배우자, 효도

3. 직업(일) & 재정 : 경제적 자립, 성공, 권력, 부자, 재테크, 삶의 질, 집 장만

4. 교육 & 자기계발 : 전문성, 성실, 리더십, 자존감, 자신감, 자제력, 능력,
　　　　　　　　　　 창조성, 진학

5. 인맥 & 문화 : 친구, 교양, 휴먼 네트워크, 평등, 우정, 즐거움

6. 종교 & 윤리 : 신념, 봉사, 베풂, 질서, 구원, 깨달음, 평화, 책임감, 용서, 관용

성취는 초점(焦點) 맞추기다. 태양빛이 지천으로 널렸다고 해도 응축된 하나의 점으로 모아지지 않으면, 작은 종이 하나 태우지 못한다. 반면, 행복한 삶은 다점(多點) 맞추기다. 각 부분들이 각각 초점을 맞추어 에너지를 응축하되, 다른 부문들과 함께 서로 균형을 이루어야 한다. 만약, 한 부문이 무너진다면 다른 나머지 부문들까지 모두 무너지고 만다.

그래서 우리가 원하는 행복한 삶은 비전을 실현할 6가지 삶의 영역이 서로 균형을 유지하며, 각각의 역할을 다 수행할 수 있어야 성취의 보람과 행복을 누리는 삶을 영위할 수 있다.

♣ 우선순위 정하기

비전 성취의 효율이나 효과 제고를 위해 우선순위 설정이 반드시 필요하다. 그러나 사람들마다 생각하는 우선순위는 가치관이나 신념, 환경에 따라 다양하게 나타나기 때문에 무엇이 중요하다고 단정하기는 어렵다. 하지만 한 번 어긋나면 회복되기 힘든 것들은 반드시 우선순위의 상위에 놓여야 한다. 건강, 가정, 종교 등은 비전 성취와 별 상관이 없는 것처럼 보이지만, 삶의 근간을 이루는 더 없이 중요한 것들이다.

또한, 직면한 문제나 상황에 따라 우선순위의 변동이 있을 수 있다. 만약 내년에 회사에서 진급 대상이라든지 창업 준비나 취업 준비를 하고 있다면, 현재 가장 우선으로 생각해야 할 삶의 영역은 '직업(일)&재정'이나 '자기계발&교육'이 되어야 할 것이다. 우선순위의 핵심은 문제가 아닌, 기회에 먼저 초점을 맞추는 것이다.

우선순위 판단 지표

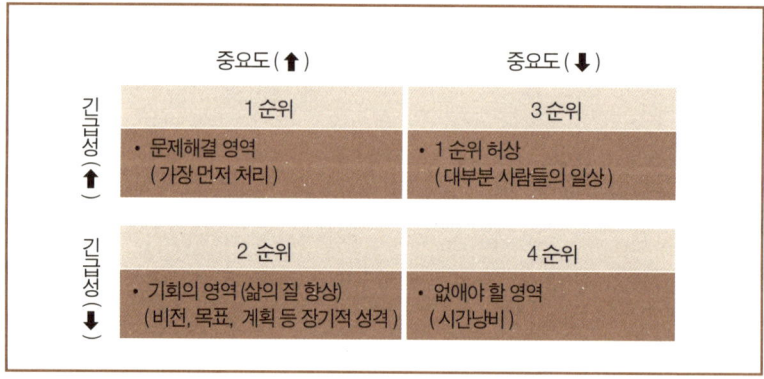

	중요도 (↑)	중요도 (↓)
긴급성 (↑)	**1순위** • 문제해결 영역 (가장 먼저 처리)	**3순위** • 1순위 허상 (대부분 사람들의 일상)
긴급성 (↓)	**2순위** • 기회의 영역 (삶의 질 향상) (비전, 목표, 계획 등 장기적 성격)	**4순위** • 없애야 할 영역 (시간낭비)

♣ 영역/기간별 목표 설정하기

비전을 실현할 삶의 6가지 영역이 정해졌고, 우선순위 또한 세팅이 완료되었다. 이제 6가지 영역에서 실현해야 할 중·장기 목표를 정하는 일이 남았다. 바로 비전을 형상화하는 작업이다.

우선 각 부문의 'Value(가치)'를 실현할 장기 목표를 함축할수 있는 '키워드(Keyword)'를 생각해 보자. 그 키워드는 거의 바뀌지 않을 정도로 근본적이고 원칙적이며, 지속적인 성격의 '지표'가 되어야 한다.

이를테면 '건강&취미' 부문에서의 키워드는 '체중 관리와 운동'을 적었다. 건강에 가장 중요한 요소이며 평생 지켜나가야 할 원칙이라고 생각했기 때문이다. 나머지 부문도 자신이 생각하는 중요 요소를 키워드화해서 '목표(부문별)'의 빈칸에 기재한다. 그리고 '목표'를 실현할 수 있는 세부 목표를 다시 중기와 단기로 구분해 구체화하게 된다.

부문별 비전 달성을 위한 목표 설정 (예) - Value, 목표 설정

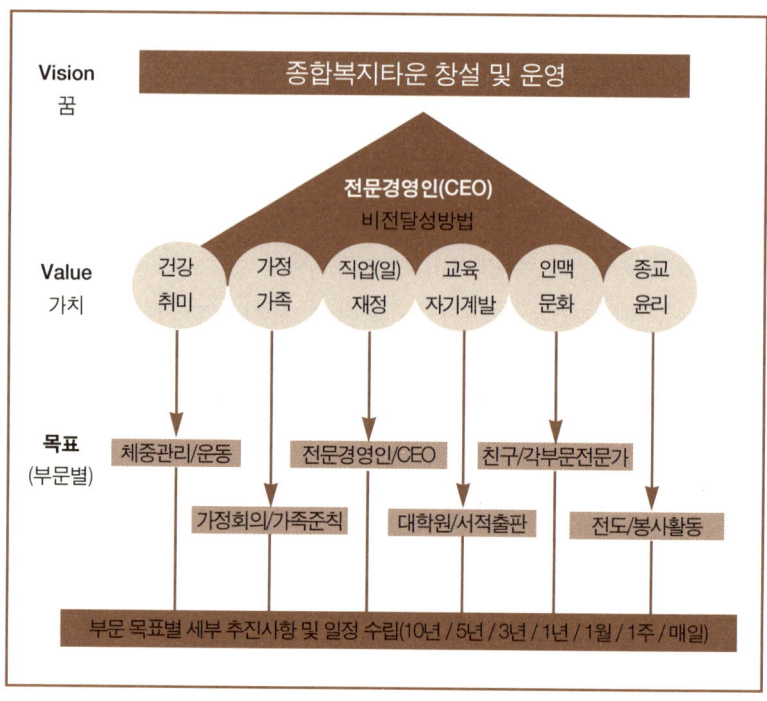

중·장기 목표를 작성하는 방법은 다음과 같다.

첫째, 'Vision(꿈)'에는 이미 작성한 자신의 비전을 기재한다.

둘째, '비전 달성 방법'도 이미 작성한 자신의 비전과 비전선언서를 참고해

비전을 실현하기 위한 최종 방법이나 수단 등을 기재한다.

셋째, '목표(부문별)'는 핵심 가치를 실현할 장기 목표로서, 10년 이상의 기간이

필요하거나 지속적으로 유지해야 할 성격의 목표를 기재한다.

부문별 비전 달성을 위한 목표 설정 (작성)

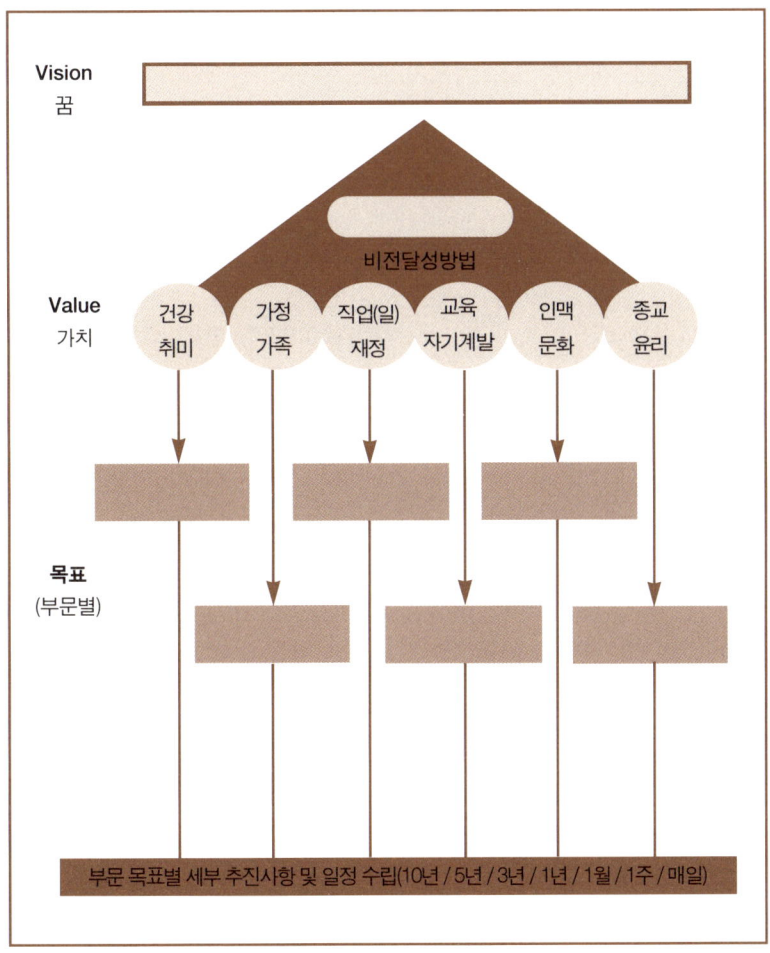

Vision
꿈

비전달성방법

Value
가치

| 건강 취미 | 가정 가족 | 직업(일) 재정 | 교육 자기계발 | 인맥 문화 | 종교 윤리 |

목표
(부문별)

부문 목표별 세부 추진사항 및 일정 수립(10년 / 5년 / 3년 / 1년 / 1월 / 1주 / 매일)

장기 목표는 3년 간격으로 점검하는 게 좋다. 구체적이고 명확한 목표로 다시 세분화해 '각 부문 단계별 목표(3년 단위)'의 하단에 기재한다. 다소 객관성이 결여될지라도, 자신의 인생을 전체적으로 조망해 볼 수 있는 아주 유익한 비전 실천 총괄 계획서가 된다.

비전 실천 총괄 계획서 (예)

비 전(꿈)		사회사업 (종합 복지타운 창설 & 운영)
부문별 목 표	① 건강 & 취미	체중 조절 / 운동 (헬스 & 달리기 & 자전거) / 등산
	② 가정 & 가족	좋은 남편과 아빠(존중, 경청, 가정회의, 청소 담당) / 효도
	③ 직업(일) & 재정	전문가 / 경영컨설턴트 / CEO / 재테크(재산 00억 원)
	④ 교육 & 자기계발	경영대학원 / 출판(년 1권) / 3개 국어 능통
	⑤ 인맥 & 문화	각 부문별 전문가 1명 이상 교류 / 문화 생활 / 악기 연주
	⑥ 종교 & 윤리	성경 읽기 / 전도 / 교회 봉사(평생) / 이웃돕기

각 부문 단계별 목표 (3년 단위)

연 도	①	②	③	④	⑤	⑥
2016 (세)	○○kg 체중유지	직급	성취하는 가정 (가족 목표)	출판 ○권	교회 학교	강사 모임
2019 (세)	○○kg 체중유지	재산 ○억 원	화목한 가정 (사랑 실천 목표)	경영대학원 진학	찬양대	경영컨설턴트 모임
2022 (세)	○○kg 체중유지	직급	…	경영대학원 졸업	…	동문 모임
2025 (세)	○○kg 체중유지	재산 ○억 원	…	…	…	…
2028 (세)	○○kg 체중유지	재산 ○억 원	…	…	…	…
2031 (세)	○○kg 체중유지	복지타운 창설	…	…	…	…
…						

비전 실천 총괄 계획서 (작성)

비 전(꿈)						
부문별 목 표	① 건강 & 취미					
	② 가정 & 가족					
	③ 직업(일) & 재정					
	④ 교육 & 자기계발					
	⑤ 인맥 & 문화					
	⑥ 종교 & 윤리					
각 부문 단계별 목표(3년 단위)						
연 도	①	②	③	④	⑤	⑥
2016 (세)						
2019 (세)						
2022 (세)						
2025 (세)						
2028 (세)						
2031 (세)						
2034 (세)						
2037 (세)						
…						

단기 목표를 작성하는 방법은 다음과 같다. 이미 작성한 중·장기 목표를 토대로 각 부문별 목표를 달성할 1년 단위의 단기 목표를 동일한 방법으로 작성한다. 이때 6년 정도 앞을 내다보며 기재한다. 그리고 맨 우측에 있는 '우선순위'에는 6가지 영역의 단기 목표 중에서 한 해 동안 가장 우선적으로 실행해야 하거나, 집중해야 할 부문을 표기하는 공간이다. 신년 계획 수립에 유용한 팁(Tip)이 된다.

부문별 비전 실천 단기 목표 설정 (예)

비 전(꿈)		종합 복지타운 창설 & 운영
부문별 목 표	① 건강 & 취미	체중 조절 / 운동 (헬스 & 달리기 & 자전거) / 등산
	② 가정 & 가족	좋은 남편과 아빠(존중, 경청, 가정회의, 청소 담당) / 효도
	③ 직업(일) & 재정	전문가 / 경영컨설턴트 / CEO / 재테크(재산 00억 원)
	④ 교육 & 자기계발	경영대학원 / 출판(년 1권) / 3개 국어 능통
	⑤ 인맥 & 문화	각 부문별 전문가 1명 이상 교류 / 문화 생활 / 악기 연주
	⑥ 종교 & 윤리	성경 읽기 / 전도 / 교회 봉사(평생) / 이웃돕기

각 부문 단계별 목표(1년 단위)						
연도	①	②	③	④	⑤	⑥	우선 순위
2016	○○㎏ 유지 운동 유지	좋은 남편 행동 지침	담당 업무 대외 수상	출판 (자기계발서)	경영컨설턴 트 모임	성경 1독 교회학교	③
2017	○○㎏ 유지 운동 유지	좋은 아빠 행동 지침	승진	경영대학원 진학	동문 모임	찬양대 봉사활동	②
2018	○○㎏ 유지 운동 유지	대청소(매주) 효도 여행	중장기 비전 수립	경영대학원 졸업	강사 모임	찬양대 봉사활동	④
2019	○○㎏ 유지 운동 유지	가족회의 가족 여행	자산 00억 원	출판 (자기계발)	가족 공연	찬양대 봉사활동	③
2020	○○㎏ 유지 운동 유지	좋은 아빠 행동 지침	승진	일어 회화	악기 모임	찬양대 봉사활동	④
2021	○○㎏ 유지 운동 유지	가족회의 가족 여행	중장기 비전 수립	중국어 회화	독서 모임	찬양대 봉사활동	⑤

부문별 비전 실천 단기 목표 설정 (작성)

비 전(꿈)		
부문별 목 표	① 건강 & 취미	
	② 가정 & 가족	
	③ 직업(일) & 재정	
	④ 교육 & 자기계발	
	⑤ 인맥 & 문화	
	⑥ 종교 & 윤리	

각 부문 단계별 목표(1년 단위)							
연 도	①	②	③	④	⑤	⑥	우선 순위
2016							
2017							
2018							
2019							
2020							
2021							
2022							
2023							
…							

♣ SMART한 실천 계획 수립 방법

존 고다드(John Goddard)의 '127개 꿈의 목록 실천'은 목표에 대한 실천력을 높일 수 있는 좋은 사례 중 하나다. 그는 "꿈은 머리로 생각하는 게 아니라, 가슴으로 느끼고 손으로 적어 발로 뛰는 것"이라며 실천을 강조한다.

그는 15세에 에베레스트 등정, 남태평양 횡단, 세계일주, 달 탐험 등 자신이 해보고 싶은 일과 도전해야 할 일 등 127개 항목을 정하고 목표 성취를 시작했다. 결국, 1980년 우주비행사가 되어 달 탐험까지 마친 그의 꿈 목록은 거의 모두 현실화되었다. 존 고다드는 그 후에도 500개 이상 꿈의 목록을 재작성해 400여 개의 꿈을 더 이루었다고 한다.

목표를 효과적으로 달성하기 위해서는 SMART한 실천 계획이 필요하다. SMART한 계획이란 큰 덩어리의 목표를 소화시킬 수 있을 만한 크기로 잘게 세분하고, 현실적 능력과 시간 안배 등을 통해 목표 달성의 확률을 높이는 일련의 작업을 말한다.

S·M·A·R·T한 목표와 계획은 5개 영어 단어(Specific, Measurable, Achievable, Real value, Time-bounded)의 약자로서 이 5가지 내용을 충족해야 한다.

첫째, 구체적(Specific)이어야 한다. 무엇을 달성하려는 것인지, 결과물이 무엇인지를 명확히 규정해야 한다. 예를 들어, 막연한 '체중 감량' 보다는 '체중 70kg'가 더 구체적인 목표가 된다.

둘째, 결과는 측정 가능(Measurable)해야 한다. 목표를 '관련 기술 최고의 전문가'라고 하면 너무 모호하다. 정성적인 것이라도 가능하면 정량화 혹은 누구나 인정할 정도의 증표가 필요하다. 그래서 '관련 기술 최고의 전문가'보다는 '관련 기술 기술사' 취득이 훨씬 더 분명한 목표가 된다.

셋째, 성취 가능(Achievable)한 것이어야 한다. 아무리 구체적이고 측정 가능하더라도 불가능한 것은 목표가 될 수 없다. 성취할 수 있다는 자신감이 있다면 어떤 난관에 처하더라도 헤쳐 나갈 수 있다. 하지만 자신감이 없다면, 아이들이 쌓아올린 작은 모래 언덕 하나도 태산처럼 보이기 마련이다. 그래서 자신감이 결여된 목표는 생명력을 유지하기 힘들다.

넷째, 목표는 추구할 만한 진정한 가치(Real value)가 있는 것이어야 한다. 목표는 미래 지향적이고 가치 있는 결과가 나타날 때 목표의 의미도 커지고 또 명분과 지속할 수 있는 힘도 얻을 수 있다.

SMART한 목표 · 계획 점검표
· Specific : 구체적인가?
· Measurable : 측정 가능한가?
· Achievable : 성취 가능한가?
· Real value : 가치 있는 것인가?
· Time-bounded : 기한이 있는가?

마지막으로, 마감 시한(Time-bounded)이 명확해야 한다. 기한이 없는 목표는 허상에 가깝다. 기한이 정해지지 않은 목표는 시작이 없다. 끝이 없는데 어찌 시작이 있겠는가. 화룡점정(畵龍點睛)처럼 목표의 생명력은 목표의 기한이 찍히는 순간부터 시작된다.

2) 두 번째 단계 : 부문별 목표 실천 전략 6가지

아는 것만으로는 충분하지 않다
이를 적용해야 한다
의지만으로는 충분하지 않다
이를 실천해야 한다

- 괴테

목표는 본래 '경쟁'의 속성이 아니라, '전진'의 속성이 있다. 타인과의 비교가 아니라, 어제의 나와 현재의 나를 비교하는 데 그 의미를 두고 있기 때문이다.

우리는 앞서 비전 성취를 위해 내 삶을 영역별로 구분하고, 핵심 가치를 각각 정립했다. 그리고 중·장기 목표와 단기 목표를 생각해 봤다. 그렇다면 이제 중·장기 목표를 구체화한 단기 목표에 대한 실천 전략을 수립할 차례다. 비전 성취의 길은 멀고 험하기에 이정표 역할을 하는 '목표'가 반드시 필요하다. 목표가 분명하다면 때때로 성취감을 맛볼 수 있어 비전 성취에 대한 확신을 강화할 수 있다.

작게 세분화된 목표들을 성취하다 보면 더 큰 목표를 성취하게 되고, 더 큰 목표들이 모여 마침내 비전을 이루게 된다. 우리가 세우고 있는 목표들의 원천은 비전에서 흘러나왔기 때문에 거슬러 올라가다 보면, 자연스럽게 비전을 성취하게 되는 것이다.

츠카코시 히로시가 지은 〈나이테 경영, 오래 가려면 천천히 가라〉는 책을 보면 펭귄의 물고기 사냥 비법이 나온다. "이빨도 없는 펭귄이 어떻게 물고기 사냥의 명수가 될 수 있을까?" 라는 의문에 대한 답은 의외로 펭귄의 부리 속에 촘촘하게 난 털 때문이라는 것이다. 부리 안에 있는 털 한올한올의 힘은 약하지만, 이 털의 방향이 모두 입 안쪽을 향하고 있어 펭귄에게 한 번 물린 물고기는 발버둥을 치면 칠수록 더 빨리 입속으로 빨려든다는 것이다.

비록 하나 하나의 작은 목표들은 보잘것없어 보이고 약해 보이지만, 모두 비전을 향해 정렬되어 있으므로 우리의 수고와 노력 그리고 작은 성취들까지 하나도 남김없이 모두 비전 성취의 중요한 과정이 될 것이다.

이 장(章)에서 작성하게 될 '6가지 핵심 가치' 에 대한 세부적인 단기 목표는 각 사람들의 가치관이나 환경에 따라 모두 다르게 작성될 것이다. 이에 따른 실천 전략 또한 다른 모습이 될 것이다.

또한 상황에 따라 목표와 성취할 계획에 수정이 필요할 수도 있다.

그래서 지속적인 관리와 업데이트가 필요한 부분이라는 점을 반드시 기억해야 한다.

① 건강 & 취미 : 신체적 건강, 정신적 건강에 대해 체크하기

'건강 & 취미' 부문의 핵심 가치는 '건강한 삶'이다. 건강은 정신적·신체적으로 안녕(安寧)한 상태를 말하는데, 정신적 건강은 다른 부문과 겹치는 부분이 있고 또 주관성이 커서 여기에서는 주로 신체적 건강만을 다루기로 한다.

이 신체적 건강을 위한 중·장기적 목표는 '체중 관리 / 운동'을 통한 건강 유지다. 그리고 부문별 목표 설정에서는 다시 '체중 조절 / 운동(헬스 & 달리기 & 자전거 타기) / 등산' 등으로 방향을 폭넓게 잡았다. 이 중 운동을 통한 체중 조절에 대한 실천 전략을 예로 들어 본다.

부문별 단계별 목표에서 맨 윗 칸은 원하는 최종 결과를 적고, 두 번째 칸은 과정을 적으며, 맨 아래 칸은 구체적인 실천사항을 적는다. 실천 사항에서는 단계별로 보다 구체적인 실천내용을 기술한다.

다음의 〈Ⅰ. 건강&취미〉의 목표 설정은 2015년 신년계획 최우선 순위로 적용했던 필자의 사례를 예로 들었다. 최우선 순위가 되었던 배경과 구체적인 실천방법은 다음 페이지에 기술했다.

부문별 목표 실천 전략 (예)

Ⅰ. 건강 & 취미		체중 조절 / 운동(헬스 & 달리기 & 자전거) / 등산
단계별 목표	① 운동	스트레칭 , 달리기(러닝머신) / 근력운동 병행
	② 체중 감량	92kg → 87kg → 82kg → 78kg
	③ 체중 유지	스트레칭, 자전거 타기 / 78kg (체질량 지수 20 기준)

각 단계별 목표 달성을 위한 실천 사항(1년 단위)				
연도	① 단계	② 단계	③ 단계	목표 지연 대안
2014	운동 자료 조사	현재 : 92kg	先 체중 감량	2015년 신년 계획 최우선 순위 설정
2015	1. 유산소 운동 2. 근력 운동	1. 목표 : 78kg 2. 5일 운동(1주)	1. 저녁 약속 절제 2. 저녁 식사량 1/2 축소	-
2016	자전거 타기	1. 목표 : 78kg 2. 3일 운동(1주)	저녁 약속 절제 (오후 8시 이후)	-
2017	1. 근력 운동 2. 자전거 타기	1. 목표 : 78kg 2. 2일 운동(1주)	간식 절제	-
…				

♣ 배경 – 연간 계획 결산 시, '건강 & 취미' 부문이 가장 취약

2014년 12월 초순에 연간 계획에 대해 피드백을 해보니, 6가지 부문 중 '건강 & 취미' 부문의 관리가 가장 부족했다. 6개월 전에 비해 체중이 약 7㎏ 정도 늘어, 최고 92㎏까지 육박하고 있었다. 잦은 야근과 저녁 약속 그리고 늦은 야식과 같은 잘못된 식습관과 운동 부족이 원인이었다.

♣ 원인 분석과 대책 마련

최근 3개월간의 생활기록과 저녁 약속 횟수 그리고 운동한 시간 등을 다각도로 분석해 봤다. 저녁 약속 횟수가 보통 1주일에 1회 정도에서 약 3회로 잦아졌고, 매번 고기 위주의 식사로 과식을 했다. 그리고 늦은 귀가로 인해 아침을 거르는 경우가 많아 식생활이 매우 불규칙해져 있었다. 건강관리를 위해 생활 습관의 변화가 시급했다.

과식 및 불규칙한 식사 그리고 운동 부족을 해결할 수 있는 최상의 방법은 '잦은 저녁 식사 약속'을 조절하는 것이었다. 그래서 저녁 약속을 최대한 자제하고, 반드시 만나야 할 사람이라면 점심 약속으로 시간을 옮기거나 업무 시간 중 만남으로 대체하기로 대원칙을 정했다.

변화시키고자 하는 습관이 있다면, 그 습관이 조성되는 환경을 사전에 차단하든지, 아니면 그 위험 환경을 아예 피하는 게 가장 좋은 방법이다. 자신의 결심을 과신하거나 확인하기 위해, 만찬 자리에 앉아 절제력을 시험해 보겠다는 생각은 맹수의 입 안으로 머리를 집어넣는 어리석음과 같다. 절제하는 힘을 기르는 것도 중요하지만, 원칙이 허물어질 수 있는 환경을 근본적으로 만들지 않는 게 상책이다.

하나 더 기억할 게 있다. 절제로 비워진 그 시간에는 반드시 다른 습관을 만들어 채워 넣어야 한다는 점이다. 옛 습관은 복원력이 워낙 강해서 자신의 의지력만 가지고는 막아 낼 수가 없다. 파인 웅덩이로 흘러드는 흙탕물을 막을 수 있는 가장 좋은 방법은 그 파인 웅덩이를 메우는 방법밖에 없다.

이렇게 해서 확보된 퇴근 후 '저녁시간' 활용 방안으로 '유산소 운동'을 택했다. 현재의 유해한 습관을 건강 습관으로 대체하기로 한 것이다. 2015년 연간 계획 수립 시, 6가지 부문 중 '건강 & 취미' 부문을 1순위로 정해 연간 계획에 이를 반영했다.

그 후 2014년 말까지 체중 감량에 대한 자료 수집과 정보를 모아 봤다. 그 결과, 하루 1시간씩 지속적인 유산소 운동과 근력 운동을 병행하되, 1주일에 4일 이상 꾸준히 운동하며 식사 조절을 병행한다면 원하는 목표를 달성할 수 있다는 결론을 얻었다.

♣ 부문별 목표 실천 전략 수정 및 새해 계획 반영

2015년 '건강 & 취미' 부문의 목표로 1~2월 중에 15kg를 감량해 체중 78kg를 유지하는 것으로 정했다. 방법은 운동과 식사량 조절이었다. 다소 무리가 따르는 계획이라는 주위의 충고도 있었지만, 급격하게 늘었던 체중이라 감량 효과가 클 것이라는 생각과 건강을 해치지 않는 한도 내에서 감량 목표에 대한 성취감을 높이고 싶은 욕심이 있었다.

먼저, 운동의 편의성을 위해 회사 건물 내에 위치한 'Fitness Club'에 3개월 정기권을 등록하고, 업무가 끝나는 오후 스케줄의 최우선 순위를 운동으로 정했다. 그리고 퇴근 시, 'Fitness Club'을 반드시 거치도록 동선을 정하고, 야근 시에도 1시간의 운동 시간은 반드시 할애해 '1일 1시간 운동' 원칙을 지키도록 노력했다.

그리고 운동량 체크를 통해 피치 못할 저녁 스케줄이 잡힐 때는 새벽으로 운동 시간을 옮겼다. 그마저 여의치 않을 때는 점심시간을 운동 시간으로 대체해 '하루 1시간 운동' 원칙을 반드시 준수했다. 참고로 1시간 정도의 운동 순서는 '스트레칭(5분) → 걷기(5분/러닝머신 속도 5) → 뛰기(10분/러닝머신 속도 8~10) → 근력 운동(15분) → 뛰기(20분/러닝머신 속도 8~10) → 스트레칭(5분)' 순으로 정했다.

이렇게 원칙을 정하고 실천하게 되자, 자연스럽게 모든 저녁 약속은 뒤로 미루거나 잡지 않게 되었다. 출근하는 날은 반드시 운동하는 습관을 들였기 때문에 주 5일은 규칙적인 운동을 하게 되었고, 저녁 식사의 양은 1/2로 줄여 다이어트 효과를 높이도록 했다. 매일 체중 변화를 기록해 목표 달성의 의지를 높인 결과 40일 만에 목표한 15kg를 무난히 감량할 수 있었다.

문제점 해결 시트

기준(2014. 12월)		개선책(2015. 1~2월)		실천 계획(2015. 1월~2월)	
문제점	순위	대책(대안)	우선순위	실천 항목	내 용
저녁 약속	1	절제(시간 대체)	1	절제(시간 대체)	점심 약속 or 업무 시간 미팅
과식	2	저녁 식사량 1/2	3	운동 시작	매일 1시간, 5일(주당)
운동 부족	3	운동 시작	2	저녁 식사량 1/2	식사량 조절 및 8시 이후 절식

〈 체중 감량 체크시트 〉

구 분 (2015년)	실천 계획			몸무게 (kg)	실천 계획 미실행 이유 및 대안
	운동	저녁 약속(×)	식사량 조절(○)		
1. 4(일)	×	○	○	91.8	1. 5(월)부터 운동 시작
1. 5(월)	○	○	○	91.1	OK
1. 6(화)	○	○	○	90.4	OK
1. 7(수)	○	×	×	91.6	신년 모임, 점심시간 운동, 익일 운동 시간 30분 ↑
1. 8(목)	○	○	○	90.3	OK
1. 9(금)	○	○	○	89.7	OK
1. 10(토)	×	○	○	89.5	미출근
1. 11(일)	×	○	○	89.3	미출근
1. 12(월)	○	○	○	88.7	OK
1. 13(화)	○	×	○	88.6	업계 모임, 새벽 운동, 익일 운동 시간 15분 ↑
			⋮		

오늘 걷지 않으면 내일은 뛰어야 한다!

목표를 달성하겠다는 각오가 남다르다면 하루, 이틀 혹은 삼일 정도까지는 그 변화가 초래하는 불편함을 이겨낼 수 있을 것이다. 하지만 미래의 성취를 위해 현재의 고통을 이겨내는 데에는 분명 한계가 있다.

이때 필요한 것이 '성과표' 작성과 '자기 보상'이다. 먼저, '성과표'는 현재 내가 노력하고 있는 과정과 그 결과를 눈으로 직접 확인해 관리할 수 있는 체크시트를 말한다. 필자의 〈사례〉에서 알 수 있듯, 실천 계획 세 가지를 모두 이행했을 때의 결과와 2개 이상 어겼을 때의 결과가 분명하게 비교된다. 그렇기 때문에 각오를 새롭게 다지고 또 대안에 대한 필요성을 느끼기에 충분한 동기를 유발할 수 있다. 하지만, 이런 동기 유발만으로 장기적인 계획들을 지속적으로 추진해 나간다는 것은 거의 불가능에 가깝다. 이때 필요한 것이 바로 '자기 보상책'이다. 최고의 자기 보상책은 목표 달성에 대한 만족감이겠지만, 그 목표 달성을 위한 중간 과정에서도 작은 성취감을 느낄 수 있는 자기 보상이 필요하다.

자기 보상에 대한 방법들은 사람에 따라 다양하게 정할 수 있다. 평소에 갖고 싶었던 물건을 자신에게 선물할 수도 있고, 근사한 곳에서 식사를 하는 것도 좋다. 단, 한 가지 주의해야 할 점이 있다. 목표의 근본을 해치는 자기 보상은 절대 금해야 한다는 것이다.

예를 들어, 금연을 결정한 사람이 석 달 동안 금연에 성공했다고 해서 한 개비의 담배를 자기 보상책으로 허락하는 것은 옳지 않다는 것이다.

부문별 목표 실천 전략 (작성)

Ⅰ. 건강 & 취미		
단계별 목 표	①	
	②	
	③	
	④	
각 단계별 목표 달성을 위한 실천 사항(1년 단위)		

연 도	①단계	②단계	③단계	④단계	목표 지연 대안
2016					
2017					
2018					
2019					
2020					
⋮					

117

② 가정 & 가족 : 결혼 및 양육, 효도 실천하기

'가정 & 가족' 부문의 핵심 목표는 '사랑과 행복 공동체의 유지'다. 달성 방법은 '화목 우선 원칙' 과 '구성원들의 바른 역할 정립' 으로 가능하다. 혹자는 사랑이 바탕이 되는 가정에 무슨 목표를 세우고 계획을 세우냐고 반문하는 경우가 있다. 하지만, 사랑의 감정은 연약하므로 상처받고 깨지기 쉽다. 조심히 다루지 않으면 가장 소중하고 가까운 사람들끼리도 마음에 생채기를 남기게 된다.

그래서 한 가정에서 가장의 역할은 대단히 중요하다. 가장의 '가정 경영 마인드' 에 따라 명문 가문과 저주 가문으로 나뉠 수 있기 때문이다. 그리고 더 심각한 문제는 그 가문에 속해 있는 당사자들은 자신의 가정에 흐르는 전통과 문화가 명문인지, 저주인지를 거의 인식하지 못한다는 점이다.

어릴 적부터 늘 봐 왔고 젖어 있던 가정 문화이기에 그 문화를 바꿔보겠다는 생각 자체를 못하는 경우가 대부분이다. 또한 비교 대상이 불분명하고, 부모님을 바꿔 볼 수도 없는 노릇이어서 의도적인 관찰과 지속적인 노력이 병행되지 않는다면 가정의 문화를 바꾼다는 것은 거의 불가능에 가깝다.

살아가면서 '어떤 집은 이상하게 하는 일마다 잘 풀리더라.' 혹은 '어떤 집은 지지리도 안 풀려.' 라는 생각을 해본 적이 있을 것이다. 그 내막을 들여다보면, 십중팔구는 그 안에 흐르는 전통과 문화로 귀결된다. 되는 집은 될 수밖에 없는 선순환 구조를 가지고 있고, 안 되는 집은 안 될 수밖에 없는 악순환 구조를 가지고 있다.

그래서 우리는 자녀로서 그리고 남편과 아내로서 또한 부모로서 바람직한 역할을 정립하고 관계를 개선시켜 나가기 위해 끊임없이 배우고 깨달은 바를 실천에 옮겨야 한다. 주위 사람들에게도 꾸준히 배우고 또 교육 단체에 등록해서 배우는 것도 좋은 방법이다.

부문별 목표 실천 전략 (예)

II. 가정 & 가족		좋은 남편과 아빠 (존중, 경청, 청소 담당, 가족회의) / 효도
단계별 목 표	① 가훈(家訓) 정하기	정직, 성실, 사랑 / 행복한 가정
	② 생활신조 & 역할	서로 칭찬하는 행복한 가정(2016년), 가족 연간 목표 및 계획
	③ 가족회의 & 식사	가족 주간회의 및 연간회의, 함께 식사하기
	④ 효도 & 형제 우애	부모님 방문(주1회), 형제자매 간 우애, 가족 기념일 챙기기

각 단계별 목표 달성을 위한 실천 사항(1년 단위)

연도	①단계	②단계	③단계	④단계
결혼	가훈 정하기	생활신조 & 역할	가족회의	부모님 방문(주1회) 형제자매 간 우애
…	…	…	…	…
2016	행복한 가정	서로 칭찬하는 행복한 가정	주간회의, 연간회의, 아침식사 함께 하기	부모님 방문(주1회) 형제자매 간 우애 부모님 동반 가족 여행
2017	화목한 가정	서로 존중하며 사랑하는 가정	주간회의, 연간회의, 아침식사 함께 하기	부모님 방문(주1회) 형제자매 간 우애 부모님 동반 가족 여행
…				

♣ 자립인(自立人)으로서 역할과 책임을 재정의 하다

대부분의 청춘들은 졸업과 함께 사회의 일원으로 편입된다. 그래서 경제적 자립을 이루게 되고, 결혼이라는 과정을 통해 정신적 자립까지 이루어 어엿한 독립인으로 변모하게 된다. 그때가 되면, 자립인으로서 스스로의 역할을 재정의 하고, 달라진 관계에서 발생되는 책임의식도 스스로 정립해야 한다.

받기만 하던 부모님의 사랑에 대한 보답으로 자식 된 도리를 강구하고, 다른 문화와 환경에서 성장한 인생의 반려자를 맞아 가장으로서 새 가정을 이끌어 나갈 방도를 고민하는 시기다. 바로 그 때 필요한 것이 가장으로서 원칙과 철칙을 정하는 일이다. 인격적으로 덜 성숙한 단계에서는 이성적인 판단보다는 감성적인 판단이 행동으로 이어지는 경우가 많다. 따라서 원칙과 철칙으로 감정에 치우치는 것을 막고, 모든 판단과 행동에 일관성을 유지해야 한다.

필자의 역할은 아들로서, 남편으로서, 아빠로서의 3가지 역할이 있다. 그 역할을 잘 감당하기 위해 각 역할에 따르는 핵심 사항을 정의하고 또 그 핵심 가치의 실천 방법을 대원칙으로 정했다.

핵심가치의 실현을 위해 부모님께는 '자식을 둔 기쁨과 보람'을 선사하도록 노력하고, 아내에게는 '사랑과 믿음'을 심어 주며, 아이들에게는 '평온한 가정환경에서 하고자 하는 일에 적극적으로 도전' 할 수 있는 여건을 조성해 주는 것이다. 이 사항을 실천하기 위해 부모님께는

'존경, 효도, 순종'을 실천하는 것으로 그 방법을 구체화했다.

먼저, 정신적인 기쁨을 드리기 위한 방법으로 '내 가정의 화목함을 유지하는 것'과 '일주일에 한 차례 방문' 그리고 '형제자매 간 우애' 있게 지내는 것을 주요 실천 사항으로 삼았다. 또한 여건이 허락되는 범위에서 정기적으로 용돈을 드려 금전적인 불편이 없도록 노력하고 있다. 그리고 매년 부모님과 함께하는 가족 여행을 계획해 여행의 즐거움도 함께 공유하고 있다.

역할과 책임 정의서

역 할	아들(부모님)	남편(아내)	아빠(자녀)
핵심가치	① 존경 ② 효도 ③ 순종	① 존중 ② 사랑 ③ 배려	① 경청 ② 사랑 ③ 칭찬
실천방법	① 공손한 태도 ② 가정화목 / 방문(주1회) / 형제 자매간 우애	① 사랑의 말과 표현 ② 아내 의견 우선 고려 ③ 처가(60%) > 친가(40%)	① 자녀 의견 우선 고려 ② 사랑의 말과 표현 ③ 칭찬, 살리는 말 사용
2016 계획	② 방문(매주 일요일) / 부모님 동반 가족 여행 / 용돈 드리기	① 좋은 아버지학교 수강 ② 상냥한 말, 문자 보내기 ③ 처가 동반 가족 여행	① 좋은 아버지학교 수강 ② 출·퇴근 시 안아 주기 ③ 칭찬(하루 2회 이상)

♣ 좋은 남편으로서의 역할과 책임을 생각하다

아내에 대한 남편의 역할은 '존중, 사랑, 배려'를 잘 실천하는 것으로 정했다. 신혼 초, 모든 게 초보인 나의 결정에 의해 한 가정이 꾸려지고, 그 구성원들의 행복과 미래를 책임져야 한다는 것은 설렘보다는 부담이 앞섰다.

먼저, 내 가정의 바람직한 모습으로 '행복한 가정'을 목표로 삼았다. 그리고 이 목표를 달성하고 유지하기 위해 몇 가지 원칙을 정했다. 결혼 전과 후, 가장 달라진 환경이 새 부모님의 등장이다. 당연히, 새 부모님도 친가 부모님과 동일한 기준으로 자식 된 도리를 다하고자 노력한다. 그런데 이것을 제대로 실천하기 위해서는 조금 다른 원칙이 필요하다. 팔은 안으로 굽는 게 당연하기 때문이다. 그렇다면 '어떻게 양가 부모님의 형평을 맞출 수 있을까' 이렇게 생각한 끝에 처가에 60% 정도의 우선순위를 두기로 했다. 여러모로 미흡한 점이 많지만, 그래도 지금까지는 괜찮은 방법이라는 생각이 든다.

그 다음, 큰 이견이 없는 이상 아내의 의견과 결정을 우선하기로 했다. 그리고 아내가 살림을 담당하므로 가정의 모든 경제권은 아내에게 넘겼다.

♣ 좋은 아빠로서의 역할과 책임을 생각하다

아이들의 아빠로서 제대로 된 역할을 위해 '경청, 사랑, 칭찬'을 실천 사항으로 정해 아이들이 행복하게 자랄 수 있는 '화목한 가정'을 만드는 데 최우선 순위를 두고 있다.

'화목한 가정'을 위한 한 가지 방법으로 '가족회의'가 있다. 이 시간을 통해 자칫 무시당하기 쉬운 아이들의 생각이나 의견을 듣고, 식구들의 생각을 도출하고 또 공통된 규칙을 정한다.

그 중, 가장 큰 회의는 12월 25일 정도에 개최하는 연말 가족회의다. 그때는 차기 연도에 각자 추구할 목표를 2~3개 정도 정하는 일과, 화목한 가정을 위해 고쳤으면 하는 점을 서로 얘기하고 또 합의한 것을 한 가지 정도로 축약해 작성하는 '1년 가족 계획표'를 완성한다.

또한 지난 1년 동안, 계획을 가장 잘 실천한 사람을 가족들의 의견과 투표를 통해 결정한 다음 지난해에 정한 액수만큼의 상금을 수여한다. 이처럼 아이들과 함께 민주적인 절차와 방법을 통해 정직한 노력에 대한 가치를 함께 공유하고 있다.

2016년 가족 계획표 (예)

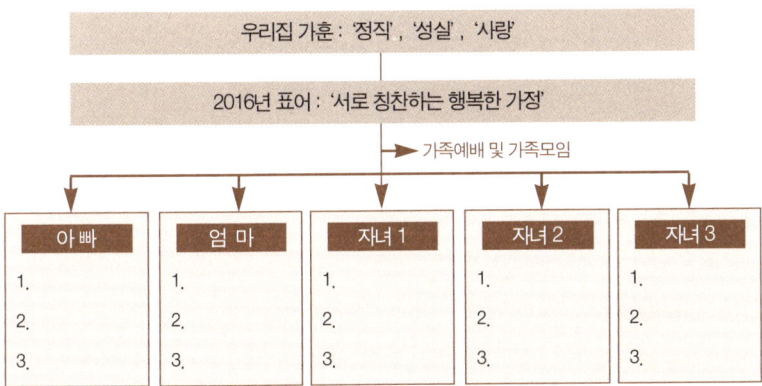

〈 부문별 목표 실천 전략 (작성) 〉

II. 가정 & 가족		
단계별 목 표	①	
	②	
	③	
	④	
각 단계별 목표 달성을 위한 실천 사항(1년 단위)			
연 도	①단계	②단계	③단계	④단계
2016				
2017				
2018				
2019				
2020				

모든 일의 책임은 가장에게 있다 !

모든 조직의 장(長)은 자신의 역할과 책임을 분명히 인식해야 제대로 된 역할을 감당할 수 있다. 가장(家長)도 마찬가지로 책임 의식을 바탕으로 한 명확한 역할에 대한 정의가 필요하다. 책임 의식의 시작은 '탓하지 않음'에서 비롯된다. 가정에서 발생하는 모든 일의 책임은 가장에게 있음을 명심해야 한다. 그래서 '판단' 보다는 먼저 '인정' 하는 것이 필요하고, '질책' 에 앞서 '사랑' 으로 품는 것이 필요하다. 이것이 사랑 공동체인 가정을 화목하게 하는 기본사항이다.

이를 실천하기 위해, 가장으로서의 역할과 책임에 대한 원칙을 정하는 것이 필요하다. 이때 직장에서의 태도를 가정에 적용하면 효과적이다. 배려와 양보 그리고 순종, 합리가 기본인 직장 상사에 대한 예나 존중 그리고 공손의 태도를 부모님께 적용하면 된다. 또한, 동료와 후배들에게 베푸는 양보와 배려 그리고 인내하는 마음을 사랑하는 아내와 자녀에게 적용하면 된다.

직장이나 생업 현장에서 체득한 인간관계의 규칙, 양보와 배려 그리고 인내를 가족에게도 적용한다면 깨어지고 상처 입는 경우를 상당 부분 줄일 수 있다.

③ 직업(일) & 재정 : 경제적 자립, 재테크의 지속적 실천

'직업(일) & 재정' 부문의 핵심 가치는 경제적 자립과 자산의 안정성 제고다. 독립된 주체로서 자기 정체성과 자존감 확립을 위해 경제적 자립은 필수적이다. 더 나아가 비전을 실현하기 위해서는 거의 대부분 금전적 뒷받침이 필요하기 때문에 일정 부분에서 부의 축적은 우리 삶에서 대단히 중요한 위치를 점한다.

그러나 부의 축적 자체가 인생의 목표나 목적이 되어서는 곤란하다. 부의 축적은 비전을 달성하고 행복을 증대하기 위한 하나의 수단임을 명심해야 한다.

경제적 자립은 자영업이나 직장 생활과 같은 경제활동에 의해 1차적으로 해결될 수 있고, 경제력의 크기는 자신의 삶에서 개인 능력을 제고함으로써 획득할 수 있다.

필자의 경우, 직장에서 전문 경영인(CEO)으로서 역량을 발휘해 기업의 성장을 돕는 역할 담당을 비전달성의 한 과정으로 계획하고 있다. 그래서 직장 내에서 '최고의 전문가'가 되기 위한 실천 전략의 한 예로 '사보 전문가'가 되기위해 노력했던 사례를 소개한다.

부문별 목표 실천 전략 (예)

Ⅲ. 직업(일) & 재정		전문가 / 경영컨설턴트 / CEO / 재테크(자산 00억 원)
단계별 목 표	① 사보업무 기초 닦기	글쓰기(多讀, 多作), 기획 및 디자인 관련 수강 각 단계별 목표 달성을 위한 실천 사항
	② 업무 업그레이드	타사 사보 벤치마킹 및 교류, 업무 매뉴얼 작성
	③ 대외 수상(受賞)	사보 관련 대외수상, 전문가 그룹 교류, 관련 서적 출판
	④ 최고 전문가	사보 관련 강의 및 원고 집필, 사보 컨설팅

각 단계별 목표 달성을 위한 실천 사항(1년 단위)				
연 도	① 단계	② 단계	③ 단계	④ 단계
2000	사보 관련 서적 10권 정독 및 정리	사보 교육 수강 타사 사보 분석	사보 관련 최고 권위의 상(賞) 조사	-
2002	사보 관련 교육 수강	업무 매뉴얼 작성	사보 전문가 그룹 교류	-
2004	-	업무 매뉴얼 Renewal	한국사보협회 출품	사보 관련 서적 출판
2008	-	대외 강의 및 교류	한국사보협회 출품	사보 컨설팅
…				

♣ 새로운 업무, 사보(社報)를 담당하다

신입사원 시절, 경영기획팀에서 근무하며 맡게 된 첫 업무가 CEO 월례
조회사 작성, 제안 제도, 조사 업무 등이었다. 그 후 팀 내의 홍보 업무
중, 사보 업무를 새로 담당하게 되었다.

'직업(일)& 재정' 부문에서의 대원칙은 담당하는 업무에서 '국내외 최
고 전문가'가 되는 것이다. 그래서 사보 전문가가 되기 위해 업무 분석
을 시작했다. 먼저, 사보 업무 및 사보 이론에 대한 이해를 위해 서점에
서 사보 관련 서적 10권을 사서 읽기 시작했다. 각 권의 주요 내용을 꼼
꼼히 정리해, 공통되는 큰 흐름을 잡고 업무의 핵심을 파악했다.

사보 전문가 프로젝트

구 분	초보자 級		숙련자 級		전문가 級	
	할 일 & 목표	기한	할 일 & 목표	기한	할 일 & 목표	기한
2000년	사보 서적 10권 사보 교육 신청	~3월 ~3월	사보 분석 (당사 및 타사)	~11월	사보 관련 賞 조사	~12월
2001년	사보 담당자 모임	연간	사보 벤치마킹	연간	사보 전문가 교류	~12월
2002년	사보 담당자 모임	연간	사보 매뉴얼 작성	연간	사보 전문가 모임	~12월
2004년	사보 담당자 모임	연간	사보 관련 출판 준비	연간	한국사보협회 출품	~11월
2006년	-	-	사보 관련 출판	연간	한국사보협회 출품	~11월

♣ 사보 전문가가 되기 위해 5년 계획을 세우다

'5년 정도 노력하면 전문가 수준에 도달할 수 있지 않을까' 이런 생각으로 일단 5년 계획을 세웠다. 또한 전문가 수준에 도달되는 증표로 세 가지 목표를 세웠다.

하나는 권위 있는 사보 관련 상(賞)을 수상하는 것이고, 두 번째는 사보 관련 서적 출판, 세 번째는 사보 관련 전문 강사가 되는 것이었다.

이 목표를 위해 사보 담당자 모임에 가입해 매월 사보 강의를 수강했으며, 사보 제작 사례 등을 자원해 발표하고 피드백을 요청했다. 그리고 매달 타사 사보를 분석해 장점을 벤치마킹하기도 했다.

2년 정도의 시간이 지나자 사보의 제작 목적에 부합하는 틀 안에서 사보 형태의 새로운 시도, 내용의 파격 등을 통해 조금씩 사보 담당자 사이에서 독특한 사보, 창의적인 사보라는 평과 함께 타사 사보 담당자들의 주목을 받기 시작했다.

♣ 일관된 목표와 도전, 좋은 사람들과 행운을 만나다

사보 담당자로서 4년여의 시간이 지나자, 조금씩 열심히 하는 사보 담당자라는 평을 얻게 되었다. 심지어 국내 30여 명의 사보 담당자들의 애환과 노하우를 모아 책을 출판하는 데 동참하면 어떻겠냐는 제안까지 받았다. 그래서 5명의 공동 편집자로 참여해, 〈책방에 나온 사보〉라는 제목의 책을 세상에 선보였다.

그 후, 사보 관련 강의 요청이 조금씩 들어오기 시작했다. 그 즈음, 사보 전문가 그룹에서 함께 모임을 갖던 삼양사 한 부장님의 배려로, 인생 목표와 실천 계획을 시스템화 한 '자기변혁 프로그램' 이라는 툴(Tool)을 삼양사 사보 〈우리 함께〉에 게재하게 되는 행운을 얻었다. 그 때 독자들의 반응이 좋다는 평가와 함께 연재의 기회도 얻게 되었는데, 이것은 내게 국내 사보업계에서 비상할 수 있는 좋은 기회가 되었다. 그 후, 자기계발법과 관련한 내용과 평가 툴을 개발하고 또 나름대로의 이론을 정립하며 몇 년간의 연재를 무난히 이어갈 수 있었다.

대외적으로 노출도가 높고 인지도가 있는 삼양사 사보에 지속적으로 글이 게재되자, 점차 타 기업에서 원고 요청이 쇄도하게 됐다. 그래서 최근까지 삼성그룹, LG CNS, SKT, KTF, 경기중소기업, 대신증권, 녹십자, 남해화학, 신세계, 한전, 볼보코리아, 한국중부발전, 빙그레, 삼성전기, 삼호그룹, 무림페이퍼 등 많은 기업의 사보에 필자의 원고를 게재하게 되었다. 뿐만 아니라 경희대, 동국대, 계명대 등의 대학과 몇몇 사회단체에서도 자기계발 관련 강의를 진행하게 되었다.
한편, 담당하던 사보의 수준도 점차 높아져 우리나라 사보 관련 단체 중 가장 공신력 있는 (사)한국사보협회에서 '2002 대한민국사보 개인 취재대상' 과 '2005 한국정기간행물협동조합 이사장상' 을 수상했으며, 국내 사보 계에서 최고의 영예라 할 수 있는 문화관광부 장관상인 '대한민국 커뮤니케이션대상' 을 2006년도에 수상하게 되었다.

목표 달성 어드바이스

포기하지 않으면 반드시 성취한다!

새로운 업무를 맡게 되면, 가장 먼저 할 일이 이론적 무장이다. 최소한 관련 서적 10권 정도는 섭렵하고 난 후, 나름대로의 개념을 정립해 보는 게 좋다. 그리고 그 방면 전문가를 찾아가 자신이 정립한 개념에 날개를 달 수 있는 실전 노하우를 접목시킨다.

이렇게 업무의 핵심과 흐름을 파악해, 최소 5년 정도 '전문가 프로젝트'를 수립해 '초보자', '숙련자', '전문가'로 가는 3단계의 계획에 따라 구체적인 계획을 수립한다.

전문가가 되기 위해서는 5년 이상의 장시간이 소요되는 만큼, 상황에 따라 매년 '전문가 프로젝트'를 새롭게 작성하는 게 좋다. 그리고 다른 부문의 우선순위를 고려하되, 비전 달성과 연관성이 높은 부문이므로 항상 상위의 우선순위에 두고 지속적으로 관리하는 것이 바람직하다.

부문별 목표 실천 전략 (작성)

Ⅲ. 직업(일) & 재정		
단계별 목 표	①	
	②	
	③	
	④	

각 단계별 목표 달성을 위한 실천 사항(1년 단위)				
연 도	①단계	②단계	③단계	④단계
2016				
2017				
2018				
2019				
2020				
…				

④ 교육 & 자기계발 : 전문성, 자신감 제고

'교육 & 자기계발' 부문은 비전 실현을 위해 자기 역량을 강화하는 중요한 부문이다. 따라서 체계적인 준비와 계획이 필요하다.

필자의 경우, 비전 실현을 위한 단계 중 하나가 경영컨설턴트로서의 역량 제고였다. 대학에서 영어 영문학을 전공한 터라 경영대학원 진학은 지극히 당연한 목표 중 하나가 되었다. 하지만 학업 시기는 여러 여건을 고려해 결정해야 했기에, 입사 초기에는 그 계획을 잠시 미루었다. 그 대신, 매주 1권 이상의 경영 서적을 읽고 정리하는 일을 5년 이상 지속했다.

그러던 중, '내가 아는 지식과 논리 전개, 분석 그리고 문제 해결의 방법이 적절한 것일까' 라는 의문이 다시 들기 시작했다. 그러자 잡다하게 머릿속에 흩어져 있는 경영 이론과 최근 경영 트렌드를 체계적으로 정리하고 싶은 생각이 더욱 커졌다. 때마침 비전 실천 계획의 최우선 순위였던 '사보 담당자로서의 전문가' 되기 프로젝트도 거의 마무리되어 가던 시기여서 그 이듬해부터 대학원 프로젝트를 시작하기로 마음먹었다.

부문별 목표 실천 전략 (예)

IV. 교육 & 자기계발		경영대학원 / 출판(격년 1권) / 3개 국어 능통
단계별 목 표	① 경영대학원 진학	국내 유수대학 경영전문대학원 입학 / 학자금 마련책
	② 경영대학원 졸업	마케팅 전공 / 학점 평균 A0 이상 획득
	③ 자기계발서 출판	자기경영 서적 출판 (비전 수립 및 목표 달성 관련)

각 단계별 목표 달성을 위한 실천 사항(1년 단위)				
연 도	① 단계	② 단계	③ 단계	목표 지연 대안
2005	자료 조사	-	-	**2006년 신년 계획 최우선 순위 설정**
2006	경영대학원 진학	학점 평균 A^0 획득	(자기계발 관련) 원고 기고 및 강의	-
2007	원고 기고 및 강의	학점 평균 A^0 획득	(자기계발 관련) 원고 기고 및 강의	-
2008	자료 조사	학점 평균 A^0 획득	(자기계발 관련) 원고 기고 및 강의	-
2009	-	-	책 제목 및 목차 잡기	-
…				

♣ 경영대학원 입학과 학업 목표 수립

대학원 진학을 결정할 무렵, 회사에서도 일이 많아지는 시기에다 늘어가는 생활비, 아이 셋을 둔 가장의 위치 그리고 저축액을 훨씬 웃도는학비가 큰 부담이었다. 돈과 시간 그리고 노력이 막대하게 소요되는 큰일이기에 포기할 이유는 충분했다.

하지만 비전 달성을 위한 목표를 포기할 수는 없는 일이었다. 뜻이 있는 곳에 길은 항상 열리는 법이다. 우선 선배들과 지인들의 조언 그리고 언론 매체 등을 통해 내 학습 목표에 부합하고 또 졸업생들의 학업만족도가 높은 경영대학원을 선택한 후 자료 수집에 나섰다.

그로부터 약 1년여의 시간이 경과한 후 서강대 경영대학원에 입학했다. 1학기 학비와 입학금은 부모님께서 축하 선물로 납부해 주셨다. 그러나 2학기부터는 학자금 마련 대책이 시급했다. 첫 번째가 장학금, 두번째는 요청받은 사보원고료 및 강의료로 일부를 충당하고 나머지는노동부 학자금 대출을 받는 것으로 했다. 그래서 학점 목표는 자연스럽게 학기당 평균 학점 A^0 이상을 목표로 했다.

♣ 경영대학원 졸업을 통해 얻은 성취감

2년 6개월간의 샐러던트(Saladent/공부하는 직장인) 생활은 녹록치 않았다. 당시 회사와 팀장님들의 배려도 많았지만, 많은 학습량을 충족하기에는 늘 시간이 부족했다. 그래서 하루 수면시간은 4시간을 채우지 못할 때가 많았다. 그래도 중간에 방학이라는 휴식 시간이 있었고, 5학기만 버티면 하나의 목표를 성취할 수 있다는 기대와 설렘이 어려운 순간을 이기는 힘이 되었다.

학업 기간 내내, 경영 지식에 대한 체계적인 정리와 트렌드 파악도 보람 있는 일이었다. 그리고 5학기 평균 학점 4.0점(4.3만점)을 기록해 목표한 A^0 목표를 달성했다는 것도 또 하나의 성취감을 안겨 주었다.

그리고 또 하나의 보람은 졸업을 위해 제출했던 보고서 〈고령화 사회에 따른 생명보험사의 마케팅 전략(Marketing Strategies for the Life Insurance Company in the Aging Society)〉이 좋은 평가를 받아 〈서강경영논총 제17집 2호(Sogang Journal of Business Vol. 17 No2 December 2006)〉에 게재된 것이었다. 목표에는 없었지만 또 하나의 기쁨이 되었다.

♣ 자기계발서 집필을 시작하다

서재의 벽면에 오랜 시간 붙어 있어 벽지처럼 누렇게 변해 가는 목표 중 하나가 바로, 이 〈어떻게 삶을 주도할 것인가〉의 출판이었다. 경영대학원을 졸업한 다음 자기계발 목표로 삼은 것이니, 이미 꽤 많은 시간이 흘렀다.

서적 출판의 목적은 내 업무에 대한 전문성 강화의 측면이 컸다. 그러나 자기경영 컨설팅을 하면서 꿈과 희망없이 살아가는 사람들의 모습을 본 후 미약하나마 내 경험과 자기경영 지식을 그들과 함께 나누기로 마음먹었다. 한창 꿈과 비전을 가지고 미래를 개척해야 할 시기에 있는 수많은 젊은이들이 자신의 정체성은 물론 무엇을 하며 살아야 할지, 자신이 무엇을 하고 싶은지조차 모르고 있는 안타까운 현실을 보며 마음이 아팠다. 심지어 자기 분야에서 전문가로 인정받고 있는 사회 리더층에 있는 사람들조차도 자신의 삶에 대한 목적과 목표를 함축한 비전을 가진 경우가 극히 드물었다. 그래서 꿈꾸는 미래를 현실화하고 싶은 사람들과 비전에 관한 이야기 그리고 그 비전을 실현할 수 있는 목표 설정법, 그 목표를 달성해 가는 효과적인 실천 방법 등에 대한 생각을 공유해야겠다는 결심을 굳히게 됐다.

그리고 필자가 경험한 죽음 체험을 통해, 보다 많은 사람들이 이 세상을 더 보람되고 행복하게 살아갈 수 있으면 좋겠다는 사명감도 있었다. 그래서 지금까지 이 책의 집필을 놓지 못하고 있었다.

출판 계획서

가제 : 나침반 자기경영

1. 집필 목적

- 의미 있는 삶 (성취하는 삶)에 대한 동기 부여

- 변화를 꿈꾸는 사람들을 위한 실제적이고 구체적인 성취 · 변화 지침서

- 건강한 성취를 꿈꾸는 사회적 분위기 조성을 통해 인류 공영에 이바지

2. 내용 & 줄거리

- 성공의 정의 (후회 없는 삶 = 행복한 현재와 미래),

  성취의 방법 (인생 및 목표 설계),

  구체적인 실행 방법(툴) 및 실례, 시의적절한 부록

- 기업 경영 전략을 인생 경영 전략에 적용 / 행동 변화 프로그램과 접목

3. 주 독자 (Target) 및 분량

- 전 세계 20세~50세 성인 / 250p(A4, 11point) 내외 / 판형 5×7판

4. 일정

- 초고 완성 : 2015년 1월 7일~10월 30일(약 10개월)

   : 1일 2회 집필(① 04:00~05:30 / ② 22:00~24:00)

- 수정 : 2015년 11월

- 편집 및 디자인 : 2015년 11월 1일~11월 30일

    : 큰 주제 및 제목별 도비라 처리 (관련 명언 Box)

    : 각 소제목별로 현재 상황을 체크해 볼 수 있는 체크리스트 삽입

    : 각 장은 별지로 구분 (직접 만든 요약용 명언 삽입)

    : 각 장 마지막 페이지에 행동 지침 / 실천 리스트 / 실천 시트 등 마련

- 인쇄 및 출판 : 2016년 1월~2월 중 (서점 및 인터넷 등록 등)

5. 프로모션(Promotion)

- 보도자료 : 자기계발서를 펴낸 셀러라이터

- 이 벤 트 : 가장과 자녀, 가족에게 꿈과 행복을 선물하자!

- 가   격 : ○○○원

6. 기타

- 소명 의식, 사명감을 갖고 진솔하되 경험을 논리적이고 합리적으로 전개

2부 ·· 나도 잘 하고 싶어요, 어떻게 하죠?

부문별 목표 실천 전략 (작성)

IV. 교육 & 자기계발		
단계별 목 표	①	
	②	
	③	
	④	

각 단계별 목표 달성을 위한 실천 사항(1년 단위)					
연 도	①단계	②단계	③단계	④단계	목표 지연 대안
2016					
2017					
2018					
2019					
2020					
…					

목표 달성 어드바이스

습관과 주어진 시간을 효율적으로 활용하라!

목표 달성을 위해서는 현재의 습관과 시간을 효율적으로 활용해야 한다. 경우에 따라 목표를 위해 그것들을 재조정해야 할 필요도 있다. 또한 일정 기간 동안 수반되는 모든 불편함을 기꺼이 감내할 수도 있어야 한다. 하지만 편한 것을 찾고, 익숙한 것에 안주하려는 동물적 습성 때문에 개인 차원의 통제와 환경 통제가 반드시 필요하다.

구체적인 방법은 '3장 남(South) : 매일 열정적으로 살아가기(Success Mechanism)'에서 다루기로 한다.

⑤ 인맥 & 문화 : 인맥, 교양 넓히기

〈소셜애니멀〉의 저자인 데이비드 브룩스는 "인간관계가 사람을 창조하며, 사람의 성취와 행복에 가장 결정적인 역할"을 한다고 주장한다. 그만큼 사회적 관계가 인생을 좌우할 수 있다는 것을 의미한다.

모든 성공의 문 높이는 낮다. 벼가 익을수록 머리를 숙이듯이 알차게 여문 사람들도 머리를 숙인다. 그래서 겸손한 사람들이 성공의 문을 통과할 확률이 높다. 겸손한 태도가 더 많은 능력 발휘의 기회를 가져오기 때문이다. 그렇다고 굴복이나 아부를 하라는 뜻은 전혀 아니다. 창조의 섭리에 따라 때로는 존경으로, 때로는 겸양으로 표현되는 마음의 자세를 낮추자는 말이다.

좋은 인간관계는 진실과 겸손을 바탕으로 서로를 배려하고 섬기는 가운데 서로에게 힘을 주고 위로하는 관계를 조성한다. 또 각자의 비전을 실현하는 데 있어 서로 도움을 주고받을 수 있는 실제적인 관계로 발전한다. 이 유익한 관계를 쌓아가기 위해서는 겸손과 신뢰뿐만 아니라 나만의 전문 지식을 겸비하는 것도 중요한 일이다. 겸손으로 서로에게 호감을 사고, 신뢰로 믿음을 쌓아가며, 전문 지식으로 실제적인 도움을 주고받는 관계가 건강한 휴먼 네트워크다.

부문별 목표 실천 전략 (예)

V. 인맥 & 문화		각 부문별 전문가 1명 이상 교류 / 문화 생활 / 악기 연주
단계별 목 표	① 전문 지식 제고	인맥 목표 및 계획 / 자기경영 컨설턴트 / PR(사보) 전문가
	② 전문가 그룹 참여	강사 및 컨설턴트 모임 활동 / 휴먼 네트워크 구성
	③ 휴먼 네트워크 확대	각 부문별 전문가 1명 이상 교류

각 단계별 목표 달성을 위한 실천 사항(1년 단위)				
연 도	① 단계	② 단계	③ 단계	목표 지연 대안
2015	인맥 목표 및 계획	명함 만들기	전문가 모임 참여	**2016년 계획 중 우선 순위 부여**
2016	인맥 목표 및 계획	명함 만들기	전문가 그룹 확대	-
2017	인맥 목표 및 계획 수정 및 보완	전문가 그룹 강의	전문가 그룹 확대	-
2018	인맥 목표 및 계획 수정 및 보완	전문가 그룹 강의	전문가 그룹 확대	-
…	-	-	-	-

♣ 인맥별 목표와 원칙 정하기

인맥별로 목표와 원칙을 세우는 것은 건강한 유대 관계를 쌓고 유지하는 데 도움이 된다. 이기적인 목적보다는 불필요한 오해를 막고, 돈독한 관계의 유지를 통해 행복시너지를 극대화하자는 취지다.

튼실한 휴먼 네트워크를 쌓기 위한 초석은 '신뢰'다. 신뢰는 언행일치(言行一致)의 반복에 의해 조금씩 자라나는 믿음으로, 많은 시간과 노력 그리고 성실성이 요구된다.

효과적인 인맥 관리를 위해 6가지로 관계를 구분하고 각 부문별로 건강한 관계를 유지하기 위한 수칙 그리고 실행 방법 등을 미리 생각해 두고 습관화하면 유익하다.

가령, 정기적으로 전화나 e-mail, 휴대폰 문자 등을 주고받음으로써 서로 근황을 파악할 수 있다면 자주 만나지 못하더라도 가까운 심리적 유대관계를 유지할 수 있다.

특히 전문가 휴먼 네트워크를 잘 유지하면, 서로의 경험과 지식 그리고 상대방의 인맥까지 활용할 수 있어 엄청난 시너지 창출이 가능하다. 직급이 올라가고 중책을 맡게 될수록 필요한 경쟁력은 개인의 능력보다는 폭넓은 휴먼 네트워크에서 나온다. 소중한 인연은 인생의 정원에 피는 꽃과 같다. 그러므로 잘 가꾸어야 한다.

인맥별 목표와 원칙

구 분	목표	원칙	실행 방법
가 족	① 신뢰 ② 화목 ③ 형제자매 간 우애	① 언행일치(言行一致) ② 장유유서(長幼有序) ③ 기념일, 애경사 챙기기	① 선(先) 배려 ② 청종, 순종, 복종 ③ 축하 메시지, 선물
친 구	① 신뢰와 우정	① 관심 갖기, 겸손 ② 기념일, 애경사 챙기기	전화, e-mail, 편지 및 문자 보내기, 선물 등
학 교	① 신뢰와 관심	① 관심 갖기, 겸손 ② 기념일, 애경사 챙기기	전화, e-mail, 편지 및 문자 보내기, 선물 등
전문가	① 신뢰와 정보 공유	① 관심 갖기, 겸손 ② 기념일, 애경사 챙기기	전화, e-mail, 편지 및 문자 보내기, 선물 등
회 사 (사회)	① 신뢰와 정보 공유	① 관심 갖기, 겸손 ② 기념일, 애경사 챙기기	전화, e-mail, 편지 및 문자 보내기, 선물 등
종 교 (봉사)	① 신뢰와 봉사	① 관심 갖기, 겸손 ② 기념일, 애경사 챙기기	전화, e-mail, 편지 및 문자 보내기, 선물 등

♣ 휴먼 네트워크 확대를 위해 단계별 준비를 하자

휴먼 네트워크를 형성하기 위해서는 시간과 노력 그리고 금전적 지출이 수반된다. 이를 더욱 효과적으로 실천하기 위한 방법으로 몇 가지 기억해야 할 사항을 정리했다.

먼저, 새로운 사람을 만나거나 소개받을 일이 생기면, 만남 전에 그 목적을 분명히 한다. 분위기에 휩쓸리다 보면 만남의 목적을 망각해 시간 낭비가 될 수 있기 때문이다. 그리고 차별화된 명함을 준비한다. 보통 명함에 새겨진 내용 외에 자신을 알릴 수 있는 문구나 사진을 추가로 인쇄해도 좋고, 독특한 디자인을 도입해도 좋다. 남들과 차별된 특징이 있어야 기억이 오래갈 수 있기 때문이다. 또한 메모지와 필기도구를 반드시 준비한다. 중요한 것을 메모하거나 급히 메모할 일이 발생할 때 유용하게 쓸 수 있다.

새로운 사람을 만났을 때 첫인상이 특히 중요하다. 단정한 옷매무새와 차분하고 예의 바른 태도로 명함을 건네는 게 좋다. 이때 자신만의 특징을 어필할 수 있는 소개 멘트를 준비하면 효과가 있다.

대화를 할 때는 먼저 경청하는 게 좋다. 말하는 것은 지식의 영역이지만, 듣는 것은 지혜의 영역이라고 했다. 들을 때는 긍정적인 태도로 호응하고 적당한 맞장구로 분위기를 맞추되 진솔한 대화를 나눈다. 헤어질 때는 꼭 고마움을 표할 수 있도록 습관화해야 한다.

헤어질 때는 받은 명함에 그 사람을 잘 기억할 수 있는 특징과 특이 사항 등을 기록해 놓고, 휴대폰을 통해 만남에 대한 좋은 기억과 감사의 내용을 담은 문자를 보낸다. 그리고 서로 문자를 주고받을 때 항상 메시지의 마무리를 하는 것이 좋다. 응답 없는 휴대폰 문자에 대한 불쾌감이나 오해를 줄이기 위함이다.

마지막으로 인맥별 정보 관리 시트에 위 사항을 기록해 관리하거나, 인맥 관련 프로그램을 사용해 체계적으로 정보를 관리하면 여러모로 유용하다.

인맥별 정보 관리 시트 (작성)

구 분	성명	연락처		e-mail	연락 주기	기억할 사항
		휴대폰	집 / 사무실			
가 족						
친 구						
학 교						
전문가						
회 사 (사회)						
종 교 (봉사)						

※연락 주기는 '1회/주' 형태로 기록하고, 최근 연락 일자를 함께 기록한다.

건강한 만남에는 긍정적인 에너지가 필요하다

원활한 인간관계를 유지하기 위해서는 역지사지(易地思之)의 습관을 가져야 한다. 내 생각에만 갇혀 있지 말고, 상대방의 시각으로 나를 바라볼 수 있어야 한다. 그렇게 되면 자연스럽게 배려하게 되고 불쾌한 일도 만들지 않게 된다. 그리고 자잘한 부탁을 자제하는 것도 하나의 예의다. 부담이 쌓이면 마음의 벽도 함께 높아지기 때문이다.

건강한 만남은 긍정적인 에너지가 교환되고, 열정을 서로 공유해 좋은 여운이 남아야 한다. 매사에 부정적이고, 다른 사람을 폄훼하는 사람 그리고 과거 지향적인 사람은 한 번 만남으로 족하다. 좋은 사람들과 만날 시간도 부족한 인생이다.

반대로, 내가 그런 사람이 되지 않도록 항상 주의해야 한다. 대화할 때는 '맞고', '틀리고'의 판단조의 말보다는 '일을 되게 하는 말', '상대방을 살리는 말'을 선택하는 게 지혜롭다. 마음을 열고 진실함으로 다가서고, 밝은 얼굴로 겸손을 유지하며, 깔끔한 예의로 여운을 남기는 만남을 지향하자.

부문별 목표 실천 전략 (작성)

VI. 인맥 & 문화		
단계별 목 표	①	
	②	
	③	
각 단계별 목표 달성을 위한 실천 사항(1년 단위)				

연 도	① 단계	② 단계	③ 단계	목표 지연 대안
2016				
2017				
2018				
2019				
2020				
…				

⑥ 종교 & 윤리 : 신념, 봉사 계획 확인하기

'종교 & 윤리' 부문은 개인마다 생각하는 바와 주장하는 바가 다르고, 또 그 갭(Gap) 또한 커서 의견 제시가 조심스러운 부문이다. 하지만, 비전 수립의 단계 중 '내가 해야 할 일(소명)' 에 대한 생각의 출발점이 되는 만큼 소홀히 여길 수 없는 부문이다.

이 내용은 크리스천이라면 직접적으로 참고가 될 만한 내용이고, 만약 아니라면 다른 부문과 같이 목표 수립과 실천 계획의 프로세스를 다시 한 번 확인하는 계기로 삼았으면 한다.

부문별 목표 실천 전략 (예)

VI. 종교 & 윤리		성경 읽기 / 전도 / 교회 봉사(평생) / 이웃돕기
단계별 목 표	① 개인 신앙 성장	성경 1독(매년) / 전도 ○명(매년) / 교회학교, 찬양대 봉사
	② 가정 신앙 성장	가정 예배 / 온 가족 월삭 새벽기도
	③ 공동체 신앙 성장	지역 및 단체 봉사활동
	④ 해외 선교 사업	선교지원

각 단계별 목표 달성을 위한 실천 사항(1년 단위)				
연 도	① 단계	② 단계	③ 단계	④ 단계
2016	성경 1독, 전도 ○명 교회학교 봉사	가정 예배	직장 선교회 활성화 / 봉사활동	선교 헌금
2017	성경 1독, 전도 ○명 교회학교 봉사	가정 예배	직장 선교회 활성화 / 봉사활동	단기 해외 선교
2018	성경 1독, 전도 ○명 교회학교 봉사	가정 예배	직장 선교회 활성화 / 봉사활동	선교 헌금
2019	성경 1독, 전도 ○명 찬양대 봉사	가정 예배	직장 선교회 활성화 / 봉사활동	단기 해외 선교
2020	성경 1독, 전도 ○명 찬양대 봉사	가정 예배	직장 선교회 활성화 / 봉사활동	선교 헌금
...				

♣ 신앙과 삶의 원칙을 정하다

신앙 성장을 위해 '예배, 헌금, 봉사' 측면에서 철칙과 목표를 정했다. 개인적인 신앙 성장을 위해 매일 아침 기도와 말씀 묵상으로 하루를 시작하고, 주일예배는 반드시 성수하는 것을 습관화했다. 그리고 예배 시간 목사님 설교에 집중하기 위해 말씀을 기록하며, 매월 첫날은 온 가족이 새벽기도를 실천하고 있다.

헌금은 주정헌금과 감사헌금, 십일조를 기본으로 해서 비전헌금, 불우이웃돕기헌금, 선교헌금, 절기헌금을 실천하고 있다. 그리고 봉사활동으로는 교회학교와 찬양대, 찬양팀 봉사, 직장 및 직장인 수요예배 등에서 예배인도와 찬양으로 예배를 돕고 있다.

2016년 신앙 철칙

구 분	예 배	헌 금	봉 사
개 인 신 앙	① 주일예배 성수 ② 목사님 말씀 기록 ③ 월삭 새벽기도	① 주정헌금 ② 감사헌금(매주) ③ 십일조 헌금	① 교회학교, 찬양대 ② 오후 예배 찬양팀
가 정 신 앙	① 가정 예배 ② 월삭 새벽기도	① 비전헌금 ② 자녀 십일조 헌금	① 섬김의 실천 ② 예배 인도
공동체 신 앙	① 직장 선교회 예배(화) ② 교회 직장인 예배(수)	① 예배헌금 ② 선교회비	① 예배 준비 및 인도 ② 찬양 인도

♣ 행복을 키우는 사랑의 실천

영화 〈로마의 휴일〉, 〈티파니에서 아침을〉 등에서 청초한 미모노, 적인 연기로 세계인의 사랑을 한 몸에 받았던 미국 여배우 오드리 헵번을 기억하는가. 그녀가 많은 사람의 마음속에 아직도 기억되는 이유는 그녀의 미모가 아니라, 유니세프 친선대사로 활동하며 생의 마지막까지 세계 50여 개국의 빈민 어린이와 함께했던 모습 때문일 것이다. 자신의 모든 것을 버림으로써 모든 것을 가진 사람이 바로 그녀다.

한 기자가 그녀에게 "왜 그런 희생을 하십니까?" 하고 물었다. 그녀는 이렇게 말했다고 한다. "그것은 희생이 아니에요. 희생은 자신이 원하지 않는 것을 위해 자신이 원하는 것을 포기하는 걸 의미하기 때문이죠. 이것은 희생이 아니라, 오히려 내가 받은 선물이에요."

삶의 보람과 행복은 자신의 이익을 넘어선 이타적인 마음과 그 실천을 통해 극대화될 수 있다.

필자의 비전은 사회사업의 일환으로 '종합 복지타운'을 창설하는 것이다. 유기된 어린 아이들로부터 도움이 필요한 어르신들 그리고 사회에서 상처받고 소외된 청·장년층의 갱생을 도와 건강한 사회의 일원으로 다시 되돌아갈 수 있도록 돕는 일을 하는 일체형 복지타운을 만드는 것이다.

그 시설에는 육아 및 양로 시설은 물론 교육 기관, 병원, 재활 센터 등 많은 시설이 필요하다. 그 시설들을 운영할 수 있는 자금 조달을 위해 자체적으로 운영하는 이익 사업도 병행할 예정이다. 거기서 발생하는 모든 이익금은 다시 종합 복지타운에 재투자하는 자가 발전식 복지타운을 구상하고 있다.

이 시설을 통해 소중한 생명들이 누려야 할 최소한의 권리와 사회적 보호 장치가 확대되기를 바란다. 내일의 희망을 꿈꾸는 사람, 행복을 나눌 수 있는 따뜻한 사람, 삶의 보람을 찾는 사람들이 한 명이라도 늘어나기를 간절히 소망한다.

부문별 목표 실천 전략 (작성)

VI. 종교 & 윤리		
단계별 목 표	①	
	②	
	③	
	④	
각 단계별 목표 달성을 위한 실천 사항(1년 단위)				

연 도	① 단계	② 단계	③ 단계	④ 단계
2016				
2017				
2018				
2019				
2020				
…				

꿈을 이루지 못한 사람들은

'나는 재능이 없다'고 말한다.

꿈을 이루지 못한 이유가 재능이 없다는 것이라면

꿈을 이룬 사람들은 모두 '재능이 있다'고

대답해야 한다.

하지만 성공한 사람 중에

그런 대답을 한 사람은 한 명도 없다.

꿈을 이룬 사람들은

"정말로 하고 싶었던 일을 열정을 가지고 계속 했을 뿐이다"

라고 말한다 - 기타가와 야스시 -

3장

남(South) : 매일 열정적으로 살아가기(Success Mechanism)

1) 첫 번째 단계 : 열정 경영의 노하우

성취는 밤낮으로 거듭되었던
작고도 작은 노력들이
한데 모인 것이다

목표가 없으면 방황하게 되고, 자기 정체성이 없으면 방탕하게 된다. 반면에 목표가 분명하면 열정이 생겨나고, 자기 정체성이 확실하면 자존감이 높아진다.

열정은 인내력을 키워 성취의 원동력이 되고, 자존감은 절제력을 키워 성취한 것을 견고하게 한다. 바로 이 과정이 성공한 사람들이 밟아온 공통적인 성공 구조(Success Mechanism)이다.

우리는 북(North)의 속성을 통해 북극성과 같은 비전을 수립했고, 동(East)으로부터 아침 햇살이 비추는 것처럼 비전을 실현할 목표를 분명히 하고 실천 전략을 세워 계획을 더욱 구체화 했다. 이제 머릿속에 갇혀 있는 생각을 마음의 열정으로 데워 생활 속에서 실현해야 할 차례다. 보람찬 성취는 열정이 빚어 낸 실천의 결과물이기 때문이다.

역사상 위대한 업적은 모두 열정을 기반으로 삼았다. 열정 없이 이루어진 예는 단 한 건도 없다.

"미치지 못하면 미치지 못한다. 미쳐야 미친다."

이 불광불급(不狂不及)의 원리는 만고의 진리다.

성공의 원동력, 열정 지수를 높여야 한다

'목표'는 각 사람마다 다를 수 있지만, 그것을 성취하는 방법은 동일하다. 바로 '열정적인 삶'이 그것이다. 열정 없는 성공은 애초에 불가능하다. '어찌하다 보니', '운 좋게', '우연히' 등을 앞세운 성공은 없기 때문이다.

열정의 근원은 '간절한 바람'이다. '아무에게나' 그리고 '아무런 이유 없이' 성공을 만들어 내는 '열정'은 생겨나지 않는다. '열정'은 간절한 바람인 '비전(꿈)'에서 발원해 계획으로 자라나며, 노력으로 성숙한다. 그래서 '성공'하고 싶거든, '열정'을 갖고 싶거든 간절한 바람인 '꿈(비전)'을 가져야 한다.

아무리 재빠른 치타라 할지라도 한 끼를 해결하겠다는 단순한 의지로, 반드시 살아남아야겠다는 영양의 간절한 바람을 쉽사리 따라 잡을 수는 없는 일이다. 무엇인가 이루려는 '열정' 을 잉태하기 위해서는 이처럼 '간절한 바람' 이 반드시 필요하다.

그런데 무사안일과 나태함은 성공의 열쇠인 열정을 약화시킨다. 아무리 의지가 강한 사람이라 할지라도, 무료한 생활 속에서 그의 열정을 유지할 수는 없다.

그래서 계획된 바쁨과 약간의 스트레스는 오히려 열정을 건강하게 단련하는 역할을 한다. 물론, 이러한 긴장은 '스스로 만들어 낸 것' 이라야 바람직하다.

그렇다면 어떻게 열정 지수를 높일 수 있을까.

첫째, 명확한 인생의 비전과 목표 그리고 실천 계획을 세움으로써 삶의 열정을 되찾을 수 있다. 정처 없는 발걸음에 힘이 실릴 수 없듯, 인생에 명확한 목표가 없다면 열정도 살아날 수 없다.

둘째, 건강 유지다. 열정은 건강한 몸에만 깃든다. 건강이 없으면 아무것도 이룰 수 없다. 규칙적인 운동과 취미 활동 등을 통해 건강을 유지하는 노력이 필요하다.

셋째, 가정의 평안이다. 가정은 인간관계의 전초기지다. 가정의 화평 없이 열정적인 사회생활은 가당치도 않다. 가정의 화목을 위해 가족 간의 대화를 늘리고 사랑을 표현하라. 사랑이 커질수록 열정도 배가된다.

넷째, 직업에 대한 만족이다. 직업에 대한 만족은 처음부터 좋아하는 일을 찾든지, 아니면 하고 있는 일에서 만족감을 높이는 방법이 있다. 직업에 대한 만족은 일에 대한 '보람', 전문성에 대한 '자부심', 만족할 만한 '금전적 보상'에서 발생한다.

이 네 가지를 충족하기 위해서는 철저한 자기계발 노력과 자기관리가 필요하다. 부문별로 목표 실천 계획을 세워 차근차근 발전의 단계를 밟아가는 것이 가장 바람직한 방법이다.

성취 에너지, 자신감을 높여라

성취하고 성공할 수 있는 또 다른 원동력은 바로 자신감이다. 자신감(自信感)은 '자신의 능력을 믿는 굳센 마음'이다. 어떤 일을 성취하기 위해서는 '가능하다'는 마음이 먼저 자리해야 도전할 수 있고, 성취할 수 있다. 또한 성공 체험이 더 강한 자신감을 낳고, 그 자신감은 더 큰 성공을 낳는다. 자신감과 성공의 선순환 고리는 그렇게 꼬리에

꼬리를 문다.

'할 수 있다'는 자신감에서 열정이 생겨나고, 창의력이 솟으며 또 난관을 헤쳐나갈 용기가 생긴다. 생각에서 발원해 마음에 응집되는 후천성 에너지인 자신감, 그 메커니즘을 이해해 자신의 성공 에너지를 늘려야 한다.

자신을 리드하고, 사회를 이끌어 가는 사람들은 언제나 사자처럼 당당한 자신감이 있다. 암담한 현실과 두려움이 자신의 삶을 지배하지 않도록 늘 스스로를 단속하고 관리하여 인생의 주도권을 확실히 틀어쥐고 살아가는 사람들이다.

그 중 대표적인 인물은 마이크로소프트사를 세계적인 기업으로 우뚝 세운 빌 게이츠다. 그는 남들이 선망하는 최고의 대학인 하버드대학을 중퇴하고 마이크로소프트사를 설립했다.

어렸을 때부터 컴퓨터 프로그램 만들기를 좋아했던 자신의 잠재성을 굳게 믿었던 것이다. 수많은 사람들이 생각하는 안정적인 길에서 떠나, 자신의 판단과 잠재력에 더 큰 가능성을 둔 그의 당당한 도전이 오늘의 그를 있게 했다.

자신감을 높이는 3가지 방법

자신감은 타고난 운명이 아니라, 우리의 노력으로 얼마든지 키워 낼 수 있는 후천성 에너지다. '3가지 자신감 충전법' 을 통해 성공 에너지인 자신감을 가득 충전해 보자.

1. 미래의 청사진을 그려라

자신감을 갉아먹는 두려움은 불확실성에서 나온다. 나만의 비전과 목표 그리고 구체적인 계획이 있는 사람은 미래에 대한 청사진을 쥐고 있는 사람이다. 때문에 불확실성을 극복할 의지와 자신감을 갖게 된다.

2. 일을 시작하기 전, 성공 장면을 먼저 상상하라

　심리학 용어 중 '자기 암시' 라는 게 있다. 이것은 상상을 통해 자신이 생각하는 바람직한 결과를 반복적으로 연상함으로써 긍정의 에너지인 자신감을 증폭하는 것이다. 실제로 이 방법은 스포츠 등에서 많이 활용되는데, 자신감이 증가하는 만큼 실제 결과도 좋아진다는 연구 결과가 있다.

3. 다른 사람과 자신을 비교하지 말라

경쟁에 익숙한 문화에서 자란 우리는 무의식적으로 자신을 타인과 비교하는 습관이 있다. 이렇게 되면, 십중팔구는 낙담하고 좌절하게 된다. 상대방의 장점을 이길 나의 약점은 없기 때문이다. 그러나 한층 더 성숙한 자신감은 나의 존재를 있는 그 대로 인정하는 것에서 비롯된다. 나의 장단점을 그대로 받아들이고 나를 존중해 주는 것이다. 이렇게 내면의 성찰을 통해 나오는 자신감은 흔들리지 않는 굳건한 성공 에너지가 되어 줄 것이다.

변화 주도형 인간이 되어라

'공룡이 멸종한 이유들'에 관한 이론 중, 흥미로운 게 하나 있다. '천적의 위험이 없었던 공룡에겐 민감한 신경이 필요 없었다는 것이 다. 결국 공룡의 신경은 둔화되어, 꼬리에서 보낸 신호가 뇌까지 도달 하는 데에만 7초 이상이 소요됐다. 이러한 상황에서 체구는 작지만 재빠른 들쥐에게 공룡은 무서운 맹수가 아닌 거대한 식량 창고였을 뿐이라는 얘기다.

변화에 둔감했던 생명체들은 이미 지구상에서 그 자취를 감추고 말았다. 이 교훈은 초스피드 시대를 살아가는 우리에게도 적용된다. 원하는 바를 성취하기 위해서는 재빨리 변화해야 하고, 더 나아가 핵 심역량을 키워, 변화를 주도하는 위치에까지 나아가야 한다.

이런 능력을 가진 사람을 '변화 주도(變化主導)형 인재' 라고 한다.

변화 주도형 인재가 되기 위해서는 끊임없이 스스로를 채찍질하는 혁신과 도전이 필요하다.

독수리나 솔개와 같은 맹금류의 새들도 자신의 수명을 늘리기 위해 처절한 혁신의 과정을 거친다. 평균 수명이 60여 년 정도로 알려진 이 새들은 약 40년 정도 살고 나면 그 날카롭던 부리와 발톱은 무뎌지고, 위엄을 자랑하던 날개는 거추장스러울 만큼 깃털이 무거워져 날기조차 힘들어진다.

바로 이때 살아남기 위해 일생일대의 결단을 내린다. '더 작고 느린 동물들을 먹이 삼아 몇 년을 더 연명하든지' 아니면, '아프고 고통스러운 혁신을 통해 날선 부리와 발톱을 되찾든지' 말이다. 그러나 혁신의 길을 택한다면 적어도 5~6개월 동안의 힘겨운 과정을 감내해야 한다.

먼저, 높은 산 암벽에 둥지를 틀고 부리가 닳아 없어질 때까지 부리로 암벽을 치는 아픔의 시간을 보내야 한다. 이렇게 해서 부리가 다 깨어지고 나면 새로 나는 부리를 기다리는 인고의 시간을 보내야 한다. 그리고 새로 난 부리로 무뎌진 자기 발톱을 하나씩 뽑아 낸다. 그렇게 모든 발톱을 뽑아 내고 나면, 그 자리에서 날선 발톱이 새로 돋아나게 된다.

마지막으로 울창한 숲속 사이를 날아다니면서 무겁고 처진 자신의 깃털을 뽑아내는 처절한 시간을 보낸다. 결국, 이렇게 혁신을 선택하고 실천한 독수리와 솔개만이 날선 부리와 발톱을 가진 용맹스러운 하늘의 제왕으로 거듭날 수 있는 것이다.

환경에 순응하는 참새는 바람이 세차게 불면 처마에 몸을 숨기지만, 독수리는 오히려 자신의 날개를 활짝 펴고 그 바람을 이용하여 더 높이 하늘을 난다. 변화는 위기이기도 하지만, 준비된 사람에게는 다시 없는 기회가 된다. 변화를 기회로 바꾸는 주도적인 사람이 되자.

내 삶에서 혁신을 실천하는 3가지 방법

혁신을 위해서는 구태의연과 편견의 안경을 벗고, 창의와 효율의 안목을 통해 문제점을 직시해야 한다. 아래 제시된 '혁신 실천 3계명'을 통해 자신의 삶을 새롭게 변화시켜 보자.

제 1계명, 환경변화를 읽어 혁신의 방향을 잡아라

나를 둘러싼 환경의 변화를 감지하지 못하면 도태되는 것은 시간 문제다. 도끼로 나무베기의 세계 챔피언이라도 전기톱을 든 신출내기를 당해낼 재간은 없다. 날선 촉을 세워 트렌드를 읽어내고, 내가 가진 장점을 극대화할 수 있도록 혁신의 방향을 잡아내야 경쟁력을 유지할 수 있다.

☞ 실천 사항 : 1. 사회의 변화, 시장의 변화, 회사의 변화를 수시로 체킹한다.

　　　　　　　2. 예상되는 변화에 적응할 수 있도록 자기계발의 방향을 잡고,

　　　　　　　　바로 실천한다.

제 2계명, '작은 성공'을 수시로 맛보라

"고기도 먹어 본 사람이 먹는다." 라는 말이 있다. 이와 마찬가지로 혁신의 열매인 성공도 이를 맛본 사람만이 그 짜릿한 성취감을 안다. 그래서 더 큰 목표를 향해 더욱 매진할 수 있는 힘이 생기는 것이다. 그래서 큰 성공 밑에는 늘 수많은 작은 성공들이 뒷받침되는 경우가 많다.

☞ 실천 사항 : 작은 노력과 결단으로 실천할 수 있는 일을 하나 정하고, 매일 실천 유무를 체크해 보자.

계획을 실천하지 못했다면 그 이유와 대책을 마련한 뒤 다시 시도하자. 자신감이 조금씩 쌓이면 큰 목표도 거뜬하게 성취할 수 있게 된다.

제 3계명, 고정관념을 깨고 창의적으로 사고하라

캄캄한 곳에서 병 안에 여러 마리의 꿀벌과 파리를 집어넣고, 그 밑바닥을 밝은 창문을 향하게 거꾸로 놓아두면 꿀벌과 파리 중 어느 쪽이 더 빨리 병 속에서 빠져 나올까? 고든 서어의 이 실험은 고정관념에 대한 좋은 예다. 꿀벌은 "모든 출구는 가장 밝게 빛나는 곳에 있어야만 한다."는 너무도 논리적인 사고 때문에 그 스스로 지치거나 굶어서 죽을 때까지 위로만 날아오른다. 그러나 파리는 단 2분도 되지 않아 반대쪽의 병목을 통해 기운차게 빠져 나온다.

나의 경험과 이론 그리고 논리적인 사고만이 해결점을 제시할 수 있다는 맹신적인 사고에서 벗어나야 할 필요성을 일러 준다. 개인의 유한성으로 세상의 무한성을 감당하겠다는 것은 손바닥으로 하늘을 가리겠다는 어리석음과 다를 바 없기 때문이다.

☞ 실천 사항 : 모든 사람에게 귀를 열고 마음으로 들어라. 그러면 내가 보지 못한 새로운 세상과 만날 수 있다.

2) 두 번째 단계 : 시간 경영의 로드맵

가장 큰 시간 손실은
뒤로 미루는 일과 무작정 기다리는 일이다.
흔히 우리는 확실한 현재를 외면하고
우연이 작용하는 미래를 기다린다.
불확실한 것을 얻기 위해
가장 확실한 것을 포기하고 있는 것이다.

하루 24시간은 누구에게나 동일하게 주어진다. 하지만 어떤 사람은 늘 시간 부족으로 허덕이고, 또 어떤 사람은 여유로운 가운데 높은 성과를 창출한다. 실상을 보면, 시간이 부족한 게 아니고, 시간을 다루는 기술이 부족한 탓이다.

시테크(時-Tech)는 현대인의 필수 성공 요소로 꼽힌다. 시테크는 한자의 때 '시(時)'에 테크놀로지(Technology)가 결합된 단어로, '합리적이고 창의적인 사고'와 '첨단 정보기술'이 만나 짧은 시간 동안 많은 일을 효과적으로 수행하는 기술을 뜻한다.

하루 24시간이라는 물리적 시간은 변함이 없지만, 자신의 체질과 환경 그리고 심리적 상태를 고려한 시간 안배가 계획이라는 툴을 통해 전혀 다른 차원의 시간 효율을 만들어 내는 것이다.

시테크의 관점에서 보면, 세 부류의 사람들이 있다. 시간에 대한 관념이 거의 없고 또 성취에 대한 의욕도 없어 시간 죽이기를 일삼는 '시간 파괴형'. 나름대로의 계획과 목표를 가지고 열정적으로 살아가지만 투여되는 시간에 비해 별로 얻는 게 없는 '시간 소비형', 일의 목적을 분명히 하고 또 일의 우선순위를 알며 투여되는 열정의 강약과 완급을 조절해 높은 성과를 창출하는 '시간 창조형'이 있다.

우리가 지향하는 바는 당연히 '시간 창조형' 인간이다. 그 정도의 시테크 능력은 갖춰야 자신의 능력을 충분히 발휘할 수 있고, 삶을 주체적으로 이끌 수 있기 때문이다. 그리고 경쟁력이 있으니, 금전적으로도 자유로움을 누릴 수 있다. 시(時)테크가 재(財)테크의 출발점이다.

시테크(時-Tech)는 재테크의 출발점이다

시테크(時-Tech)의 4가지 핵심 요소는 일의 목적, 스피드, 타이밍, 우선 순위를 아는 것이다.

많은 사람들이 시테크의 핵심을 스피드(속도)로만 인식하는 경향이 있다. 그리고 스피드 중에서도 '빠름' 만을 생각하는 경우가 대부분이다. 그러나 스피드에는 '느림' 의 속성도 있음을 기억해야 한다. 목적과 방향이 그릇된 상태에서의 빠른 스피드는 그만큼 더 큰 실패를 초래하기 때문이다.

시테크의 시작은 '일의 목적과 목표를 분명히 하는 것' 이 가장 우선이다. 그래서 때로는 천천히 곱씹어 생각하는 '느린 스피드' 가 중요할 때도 있다.

그래서 성공적인 업무수행을 위해서는 '80 : 20' 의 법칙을 적용해야 한다. 자신의 역량을 '100' 으로 본다면 80%는 일하는 데 쏟고 20%는 생각하는 시간으로 남겨두라는 것이다. 언뜻 생각해 보면, 내 역량을 100% 다 쏟아도 속도 경쟁에서 뒤질 수 있는데, 오히려 20%을 비우라는 말에 고개가 갸웃할 수도 있다.

하지만 일은 열심히 하는 것보다 잘 하는 것이 중요하다. 다들 부지런한 세상에서 최고의 경쟁력은 속도보다 앞서 '창의력' 에 달렸다는 것이다.

창의력은 마음과 몸을 분주함에서 분리시킬 때 작동하기 시작한다. 곧 나의 20%의 역량은 창의적인 게으름에 투자해야 한다는 것이다.

막연한 열심만으로는 승리할 수 없다는 얘기다.

물론, 일의 목적이 분명하거나 일상적이고 사무적인 일들은 빨리 처리하는 게 좋다. 그래야 더 중요한 일에 시간을 할애할 수 있으니까. 이렇게 확보된 시간은 일의 중요성과 효과를 고려하여 가정 적절한 때(Timing)를 선택하고, 우선순위에 따라 일의 완급을 조절할 수 있어야 한다. 바로 이 네 가지(일의 목적, 스피드, 타이밍, 우선 순위)가 시테크의 핵심 요소들이다.

· · ·

효과적인 時테크 실천 방법 4가지

1. 1시간 일찍 하루를 시작하라

시간의 블루오션은 아무래도 아침이다. 아침에 1시간만 일찍 일어나면, 시간 효율은 보통 3배 이상 늘어난다. 우선 출근 시간이 단축되고, 걸려오는 전화가 없어 집중적으로 일 처리에 매진할 수 있다. 또한 정신이 맑아 일에 몰입할 수 있으므로 일의 수준과 질을 한층 더 끌어올릴 수 있다.

2. 15 : 4 법칙을 생활화하라

일을 시작하기 전에 15분 동안 무엇을 먼저 할 것이며, 일의 목적은 무엇인지를 생각하면, 나중에 4시간 이상을 절약할 수 있다. 미리 하루의 일을 생각해서 우선순위를 정한 뒤 업무를 계획하는 사람은 생각 없이 하루를 보내는 사람들 보다 시간을 효율적으로 보낼 수 있는 것은 물론, 업무의 성과도 훨씬 높다.

3. 일을 묶음으로 처리하라

같은 종류의 일을 한 묶음으로 처리하면 더욱 많은 시간을 절약할 수 있다. 가령, 화분에 물주기, 청소하기, 책상 정리 등과 같은 유사한 일이 있다면 동선을 고려해 한 번에 처리하는 게 좋다. 한 번에 일을 처리하게 되면 각각 다른 시간에 그 일들을 처리하는 것보다 시간과 손이 덜 가면서 목표한 바를 이룰 수 있다.

4. 데드라인을 정하고, 자투리 시간을 활용하라

책 읽기와 같이 시간이 있으면 보고, 바쁘면 미뤄 놓고 하는 일에 데드라인을 정해보자. 마감 문화가 스트레스를 낳기도 하지만, 어느 정도의 스트레스는 긍정적이다. 이렇게 데드라인을 정하게 되면, 출퇴근 시간 등 자투리 시간을 적극적으로 활용하게 되어 죽어 있던 시간을 살려 낼 수 있다.

매일 10분씩만 시간을 모은다면 한 달이면 5시간, 일 년이면 60시간이 넘는 시간이 모인다. 이 시간을 값진 곳에 사용하면 그 효용은 무한대다. 기억하자. 시간은 죽이는 게 아니고 살리는 것이며, 아끼는 게 아니고 효율적으로 사용해야 하는 유한 자산이다.

다이어리 100% 활용은 이렇게 하자

일에 대한 목적과 목표가 분명해야 성취하고 성공할 수 있다. 그러나 목적과 목표는 기록을 통해서만 생명력이 유지될 수 있다는 특성이 있다. 그래서 우리는 반드시 기록해야 한다. 이는 우리가 마트에 갈 때 구매 물건 품목을 적어 가는 것과 같은 이치다. 시장에 가는 목적과 목표는 물건을 빠짐없이 잘 사는 것이다. 그러나 그 품목들을 구체적으로 적어 두지 않고 머릿속으로만 생각하고 간다면, 반드시 돌아와서 후회하기 마련이다.

사회인에게 있어, 하루 장보기는 삶이다. 하루 내에 마감해야 할 일, 전화하고 확인해야 할 일, 약속 등 수많은 일이 즐비하다. 그런데, 이것들을 머릿속으로만 생각하고 있다가는 자칫 일을 그르치거나 정한 시간을 넘기고 만다.

깔끔한 일 처리를 위해 하루의 시작과 끝을 다이어리(Diary)와 함께 하자. 그렇다고 다이어리의 용도를 기억보조 장치 정도로만 생각한다면 큰 오산이다. 다이어리의 진정한 힘은, 한정된 자원과 시간 그리고 리스크 등을 효율적으로 관리해 남들이 상상하지 못하는 양의 일과 높은 수준의 결과를 창출하는 데 있다.

다이어리를 잘 활용하면 꼼꼼한 일처리로 인해, 현재 나에게 주어진 하루 24시간을 30시간처럼 사용할 수 있다. 스피드가 생명인 디지털시대에 양질의 일을 더 많이 처리할 수 있다면, 이미 엄청난 경쟁력을 가진 사람이 되는 것이다.

그리고 장시간 지속되는 팀 목표나 개인 목표 등은 필히 다이어리의 잘 보이는 곳에 적어 두어라. 그것만으로도 주어진 시간들이 리스트럭처링(restructuring)되어 시간을 창출하는 마법의 도구가 될 것이다.

• • •

마법의 다이어리, 100% 활용하기

첫째, 내 업무의 연간 목표를 다이어리 첫 장에 적어 넣는다

다이어리의 수명은 보통 1년이다. 그래서 1년 동안 추진해야 할 목표가 다이어리 맨 앞 장에 가지런히 정리되어 있어야 한다. 그리고 그 목표에 따라 월간 계획을 매월 첫 페이지에 적어 넣는다. 일의 중요성에 혼동이 없고, 일의 순서에도 흐트러짐이 없어 깔끔하고 일관된 업무 처리가 가능하다.

둘째, 하루의 업무를 네 개의 영역으로 구분하고 시간 계획을 세워라

일을 효율성을 위해 하루 일을 '급하면서 중요한 일', '급하지만 중요하지 않은 일', '급하지 않지만 중요한 일', '급하지도, 중요하지도 않은 일' 등으로 구분해 시간 계획을 세워야 한다. 물론, '급하면서 중요한 일'이 가장 우선되어야 할 것이며, '급하지도, 중요하지도 않은 일'은 가장 나중이 되어야 할 것이다.

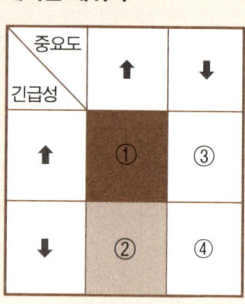

급하지는 않지만 중요한 일은 대부분 현재 중요한 일보다 장기적으로 더 중요한 일인 경우가 많으니 계획을 세워 차근 차근 준비해 나가는 게 지혜롭다.

셋째, 포스트잇을 활용하라

하루 계획을 세웠다고 하더라도, 예기치 못한 일들이 발생할 수 있다. 이럴 때는 포스트잇에 할 일을 기재한 후 네 개의 영역의 해당 칸에 우선순위별로 붙인다. 하루 계획에 혼돈을 야기하지 않으면서, 잊어버리는 일도 없다. 우선순위가 바뀌더라도 떼어서 자리만 이동하면 되므로 다시 적어야 하는 번거로움도 덜 수 있다.

적자생존의 법칙, 메모(Memo)에 있다

적어야 산다는 메모(Memo)의 법칙에는 기적 같은 힘이 숨어 있다. 따라서 메모 습관을 중요한 경쟁력 중에 하나로 인식해야 한다. 메모가 발휘하는 힘은 대략 세 가지 측면에서 살펴볼 수 있는데, 그 중 하나가 '창의력 제고의 힘'이다.

요즘처럼 정보가 범람하는 시대에 우리의 주기억 장치인 뇌는 거의 마비 상태에 이르렀다. 창의력을 발휘할 만한 메모리조차 고갈된 상황이다. 하지만 보조 기억 장치격인 메모에 주기억의 정보를 분산시키게 되면 창의력을 발휘할 수 있는 넉넉한 공간이 확보될 수 있다. 기억의 뇌는 손, 창의의 뇌는 머리라는 것을 기억하자.

둘째, '상상을 현실로 바꾸는 힘'이다. 인류의 발전을 견인한 위대한 발명이나 발견은 거의 예외 없이 번쩍하고 스쳐가는 순간적인 아이디어(Idea)를 현실화했던 것들이다. 만약 그 순간의 상상을 기록해 놓지 않았다면 그 아이디어는 현실에서 만나 보기 힘들었을 것이다. 천재 발명가 에디슨이 탄생시킨 수많은 발명품도 그가 사망하기 직전까지 소지하고 있었던 300만 장 이상의 메모가 만들어 낸 기적의 역사였음을 기억하자.

셋째, '실수를 줄이는 힘'이다. 사용하는 책상만 봐도 그 사람이 일을 잘하는 사람인지 혹은 일을 못하는 사람인지 대략 알 수 있다. 책상 위와 그 주변에 메모가 많은 사람은 거의 틀림없이 능력있는 사람이다. 그 사람들은 습관적으로 할 일과 우선순위, 일정 등을 꼼꼼하게 관리하고 있기 때문에 실수하는 법이 거의 없다.

경쟁력을 키우는 메모(Memo)의 기술

1. 항상 메모할 준비를 하라

아이디어는 반짝하고 사라지는 경우가 대부분이다. 때문에 그 순간 그 생각을 잡아두지 못하면 영영 되돌릴 방법이 없다. 그래서 어느 곳에 있든, 어떤 상황이든 즉시 메모할 수 있는 준비가 필요하다. 책을 읽으며 여백에 메모하는 습관, 회의 시 메모하는 습관 등은 기적 같은 힘을 발휘한다. 필자의 경우, 항상 2개 이상의 메모지와 필기도구를 주위에 두고 있다. 양복 안주머니 그리고 가방, 책상, 침실 머리맡 등이다. 침실 머리맡에 두는 이유는 잠자리에 들었는데 생각하고 있던 일이 꿈에서 풀려 급히 일어나 적어 놓았던 일이 몇 차례 있었기 때문이다.

2. 회의시나 윗사람에게 지시를 받을 때 반드시 메모하라

윗사람의 지시를 받을 때나, 회의시에 꼼꼼하게 메모하는 태도는 지시사항에 대한 왜곡이나 오해를 사전에 막을 수 있을 뿐만 아니라, 상대방을 존중하는 느낌을 주어 깊은 신뢰도 얻을 수 있는 장점이 있다.

3. 명함의 간단한 메모, 인맥 지수를 높인다

명함을 교환한 후, 상대방에 대한 정보(만남의 목적, 날짜, 인상착의 등)를 명함에 기록해 두면 기억에 오래 남아 다음 만남에서 훨씬 친숙한 인사를 나눌 수 있는 단초가 된다.

3) 세 번째 단계 : 창의력 & 효과적인 자기계발

창의적 발상은
고정관념과 사회 통념을 떨쳐 내고
관련 정보나 새로운 지식의 조합을 통해
창출되는 사고(思考)의 결과물이다.

창의적이고 유연한 사고는 문제 해결력을 높이는 데 대단히 유효하다. 창의적 사고는 고정관념이나 사회통념을 털어 내고, 새로운 시각으로 대상을 바라보는 시점에서 시작된다.

고정관념은 내가 아는 것과 경험한 것 그리고 학습한 것에 집착하는 것을 말한다. 고정관념의 문제점은 '내 시각에서만 사물이나 문제를 바라본다' 는 것이다.

나의 한정된 지식, 식견, 경험의 안경으로 문제를 바라보니 그 대안이 그 대안이요, 그 아이디어가 그 아이디어다. 그렇기 때문에 고정관념에 사로잡히지 않고 자유로운 사고를 위한 전략적인 사고계발이 필요하다.

그렇다면 어떻게 그 한계를 극복할 수 있을까? 여기에 두 가지 방법이 있다. 그 중 하나가 '문제의 본질에 집중해 사고의 유연성을 기르는 것'이요, 두 번째가 '지식의 틀을 확대해 창의력'을 키우는 방법이다. 유연한 사고에 창의력이 더해지면 기발한 아이디어는 자연스럽게 솟아난다.

한 유명 백화점에서 엘리베이터 운행 속도가 너무 늦어 고객들의 불만이 쏟아졌다. 점차 고객들의 불평이 심해지자 백화점 지배인은 엘리베이터 기술자를 불러 정밀 진단을 의뢰했다. 기술자 몇 사람이 며칠을 점검한 뒤 지배인에게 이렇게 말했다.

"이 엘리베이터는 너무 낡아 속도를 향상시킬 수 없습니다. 새 엘리베이터로 교체하시죠. 그 방법뿐입니다."

하지만 그 말을 들은 백화점 지배인은 고민에 빠질 수밖에 없었다. 새 엘리베이터로 교체하자면 막대한 경비는 물론, 대규모 공사로 인해 백화점 문을 닫아야 하기 때문이다.

그때, 그 옆을 지나던 백화점 청소부가 해결책을 내놓았다.

"엘리베이터 입구와 안에 대형 거울을 달아 보시죠!"

그 청소부의 해결책은 간단한 것이었지만 그 효과는 대만족이었다. 천천히 오르락 내리락 하는 엘리베이터에서 무료한 시간을 보내던 사람들에게 할 일을 만들어 준 것이다.

문제에 대한 본질을 기술적 접근인 '엘리베이터 속도'에서 심리적 접근인 '고객들의 무료함'으로 전환한 것이다. 막대한 예산과 시간이 필요했던 해결 방안을, 기발한 아이디어로 단돈 몇 만원에 즉시 해결했던 사례이다.

탈(脫)고정관념을 통한 창의력 계발

엘리베이터 사례에서 보았듯, 대부분 사람들은 자신이 가진 지식과 경험만으로 문제를 해결하려 든다. 하지만 자신이 지극히 당연하다고 판단한 해결책을 의도적으로 접고 문제의 본질을 이해하려는 노력을 선행했다면 어떻게 되었을까. 엘리베이터 수리 기술이 없어 다른 방법을 생각해야 했던 청소부처럼 더 효과적인 방법을 찾아낼 수 있었을 것이다.

이처럼 자신의 지식이나 상식, 경험에 사로잡히기 전에 문제를 다각도에서 볼 수 있는 '사고의 유연성'이 필요하다. 사고의 유연성은 '문제의 본질'에 집중할 때 비로소 발현될 수 있다. 이것은 간단한 처방처럼 보이지만, 고정관념에서 벗어날 수 있는 최고의 비방(秘方)이다.

사고의 유연성 테스트를 위해 아래의 질문에 답해보자.

〈문제 1〉

중국 송나라의 대학자 사마광이 어렸을 때의 일이다. 그는 어른들이 모두 일하러 나간 사이에 물이 가득 찬 커다란 독 위에 올라가 노는 동네 아이들을 보고 있었다. 그런데 한 아이가 발을 잘못 디뎌 독 속에 빠지고 말았다. 같이 놀던 아이들은 어쩔 줄 몰라 "사람 살려요. 독 속에 사람이 빠졌어요." 하고 외치기만 했다. 그러나 마을 어른들은 모두 일터로 나간 뒤라 구해 줄 사람이 없었다.

이때, 당신이라면 이 일을 어떻게 해결할 것인가?

〈문제 2〉

고대 그리스에 유명한 애꾸눈 장군이 있었다. 그는 죽기 전에 자신의 초상화를 남기고 싶어 유명한 화가들을 불러 모았다. 어떤 화가는 애꾸눈 그대로, 어떤 화가는 양쪽 눈이 성한 상태로 초상화를 그려 바쳤다. 그러나 두 그림 모두 장군의 마음에 들지 않았다. 그 장군은 자신의 애꾸눈이 마음에 걸렸지만, 거짓으로 그린 그림을 남기고 싶지는 않았기 때문이다.

만약, 당신이 화가라면 이 문제를 어떻게 해결할 수 있을까?

물론, 여러 가지 해결책이 나올 수 있을 것이다. 〈문제 1〉에 등장하는 사마광이 택한 해결책은 '큰 돌을 집어 독을 힘껏 내리치는 것'이었다. 결국, 독이 깨지면서 쏟아지는 물과 함께 아이도 밖으로 빠져나올 수 있었다. 이것은 독 속에 빠진 아이를 구하려면, 독 위로 올라가야 한다는 고정관념 대신 아이를 살려야 한다는 긴박성에 문제의 초점을 맞춘 결정이었다.

그리고 〈문제 2〉의 경우, 어떤 현명한 화가는 성한 눈이 보이는 장군의 옆모습을 그려 바쳤고, 그 장군은 매우 흡족해 하며 큰 상을 내렸다고 한다.

· · ·

창의력 계발을 위한 5가지 방법

1. 다양한 분야의 지식을 섭렵하자

기발한 아이디어 창출을 위해서는 다양한 분야의 지식이 필수적이다. 예전처럼 한 우물 파기의 논리는 메워진 지 오래다. 다양한 분야의 지식이 많으면 많을수록, 아이디어의 수준은 그만큼 빛을 발하게 된다. 지식 컨버전스의 힘이다.

2. 메모와 스크랩을 생활화하고, 주제별로 정리해 두자

아이디어는 휘발성이 강해 잘 적어 두지 않으면 금세 증발하고 만다. 그래서 아이디어가 떠오르면 즉시 붙잡아 기록해야 한다. 그리고 정리된 메모와 스크랩은 주제별로 재정리하는 과정을 거쳐야 효용 가치가 높아진다.

3. 긍정적인 말과 생활을 습관화하자

아이디어는 긍정을 먹고 산다. 불안, 공포, 부정적인 환경에서는 단 1초도 살지 못한다. 생활 속에서 긍정의 말을 생활화하자.

4. 사물을 대할 때, 산술적 사고(더하거나 빼거나, 곱하거나 나눌 수 없을까)와 공간적 사고(뒤집거나, 다른 것으로 바꿔 보면 어떨까)를 연습하자

단순한 방법 같지만, 미국의 하이만은 더하기 사고를 이용해 지우개와 연필을 붙인 '지우개 달린 연필'을 생각해 엄청난 부를 쌓기도 했다. 매일 반복되는 출퇴근 길과 방법을 바꿔 보는 등 익숙한 것들을 낯선 것들로 대체해 보자. 의도적인 다른 시각은 다른 사고 혹은 다른 판단을 내릴 수 있다.

5. 끝까지 포기하지 말고 노력하자

창의적인 사고와 문제 해결력은 순식간에 발휘될 수도 있지만, 대부분 심사숙고의 시간과 생각의 숙성 과정을 거친 후 태어난다. 그래서 끝까지 포기하지 않는 게 중요하다. 시간과 노력이 많이 투여될수록 더욱 견고하고 탄탄하고 멋진 아이디어가 탄생할 것이다.

창의력을 살리는 휴테크(休-tech)

　창의력은 폭넓은 시각 그리고 자유로운 사고를 바탕으로 한다. 아름다운 선율을 위해 쉼표도 하나의 중요한 음표로 존재하듯, 창의적인 사고를 위해 창의적 에너지를 축적하는 전략적 휴식(休)도 필수적이다.

　삶의 속도가 너무 빠르면, 목표와 결과만 보인다. 그러나 삶의 속도를 늦추면, 주위가 보이고 행복이 보이기 시작한다. 이것이 휴테크의 묘미다. 그렇다고, 휴테크가 일을 계획하거나 업무를 추진하는 데 있어 속도를 낮추는 비효율로 해석되어서는 안 된다. 오히려 일의 목적과 방향을 제대로 잡을 수 있고, 중요한 맥을 잡아 최고의 효율을 발휘할 수 있는 능력을 제공한다.

　그래서 한 주(週)의 시작도 항상 일요일부터 시작하고 있는지 모른다. 혹자는 월요일이 일주일의 시작이 아니냐고 반문하지만, 분명 한 주의 시작은 일요일이다. 달력을 찾아 당장 확인해 봐도 좋다. 충분히 쉬면서 앞일을 구상한 다음에 일을 시작하는 것이 더욱 효과적이라는 현인들의 지혜가 아닐까.

　올바른 쉼(休)은 심신의 휴식을 통해 긴장을 해소하고 여유로움 속에서 '자아(自我)'를 발견하는 시간이다. 이를 잘 활용하면 일과 삶에 활력을 불어넣고 행복한 미래를 구상하는 데까지 나아갈 수 있다.

. . .

행복한 자기계발, 휴 테크 실천법

쉼(休)은 현재의 일이지만, 과거에 대한 정리의 시간이요, 미래에 대한 계획의 시간이다. 또한 최고의 효율을 발휘하기 위한 준비의 시간이다. 가끔은 일과 거리를 둘 때, 오히려 그 일을 창조적으로 해결할 수 있다. 3가지 대표적인 휴테크를 기억하자.

1. 모든 일을 시작하기 전에 쉼표(,)부터 찍어라

일을 시작하기 전에 잠시 숨을 고르고 일의 배경과 원하는 결과를 먼저 생각해봐야 한다. 목적과 목표를 반드시 확인하여 정확한 방향을 잡아야 시행착오가 없다. 그것이 가장 효율적으로 일을 처리하는 방법이다.

2. 몸과 마음이 동시에 평안해야 진정한 '휴식 모드'

정신과 육체가 동시에 평안해야 제대로 된 쉼이다. 몸은 편한데, 스트레스가 가중되고 있다면 그것은 온전한 쉼이 아니다.

남성은 스트레스를 받으면 동굴로 들어가는 속성이 있다. 혼자만의 시간을 갖고 싶은 것이다. 반면에 여성은 스트레스를 받으면 우물가로 간다고 한다. 다른 사람들과의 수다가 해우소(解憂所, 근심을 푸는 곳) 역할을 하기 때문이다. 남성과 여성의 특성을 참고해 자신의 마음과 몸이 편히 쉴 수 있는 휴식 모드를 찾아보자.

3. 수면(Sleeping)의 치유를 즐겨라
사람의 몸은 과다한 업무로 피곤하거나 아프면 기력이 떨어지고 졸음이 온다. 이 것은 몸의 세포가 쉬고 싶다는 표현인 동시에 새로운 세포가 분열과 재생을 통해 새로운 에너지를 만들어 내는 과정이기 때문이다. 적절한 수면도 전략적 쉼 중에 하나임을 잊지 말자.

Know-Why의 사고

무한 경쟁시대인 요즘에는 소수의 인재가 기업의 사활을 좌우한다. 그러다 보니 기업은 인재확보와 양성이 최고의 생존 전략이 되었다. 뛰어난 인재, 독특한 인재가 조직 내에서 '미운털 박힌 오리'가 아닌 '독특한 오리' 혹은 '고마운 오리'로 대접받는 시대가 온 것이다

그동안 신세대들은 기성세대와 다른 용모와 사고 등 '남다르다'는 점이 선배들이나 상사에게 부담으로 작용했다. 하지만 그 '남다름'이 다른 사람에게 피해를 주는 게 아니고 예의에 벗어난 것이 아니라면, 미래에 분명 '남다른 능력'으로 발전할 가능성이 크다.

그래서 최근 선진 기업에서는 '남다름'을 오히려 강조하고 장려하고 있다.

회사의 경쟁력은 물론 개인의 발전을 위해서 각자의 다양성을 인정하고, '미운 오리'가 아닌, '독특한 오리'로 거듭날 수 있도록 배려하고 격려하는 문화가 사회 전반적으로 확대되고 있는 것이다.

기업에는 세 종류의 인재가 있다. 人在(보통 사람), 人才(재능 있는 사람), 人財(보물 같은 사람)다. 두 번째 인재(人才)의 수준까지는 자신의 업무에 대한 노하우(Know-How)만 제대로 갖추어도 충분히 달성할 수 있는 수준이다. 하지만, 회사에서 보물처럼 받드는 수준의 인재(人財)가 되기 위해서는 'Know-Why 사고'를 반드시 갖춰야 한다. 'Know-Why 사고'는 모든 일을 시작하기에 앞서, '왜 그 일을 해야 하는가?'에 대한 명확한 답과 목표를 분명히 아는 사고(思考)를 말한다. 일에 대한 목적과 목표를 명확히 알고, 일의 맥과 문제의 근원을 심도 있게 고려하기 때문에 일의 방향을 제대로 잡을 수 있고 또 가장 효과적인 '노하우'를 찾아 최고의 결과를 창출할 수 있는 것이다.

보물 같은 직장인이 되는 법

1. 직장에서의 목표를 분명히 하라

직장에서 성공하려면 당장 모든 일을 멈추고 목표부터 정해야 한다. 도착지 없이 서둘러 떠난들 무슨 소용이 있겠는가? 명확한 목표는 계획을 낳고, 계획은 실행을 낳고, 실행은 목표 달성을 불러온다. 인재(人財)가 되고자 한다면 자신의 역량을 가장 잘 발휘할 수 있는 팀과 업무를 정하고, 원하는 성장 로드맵을 그려봐야 한다. 생생하게 그린 만큼 그 목표는 곧 현실로 다가올 것이다.

2. 나만의 업무 원칙을 정하고, 반드시 지켜라

자신의 업무 스타일은 '독특한 인재'로서 다른 동료들에게 비치는 첫인상이다. 그러기 위해 연초에는 항상 1년 업무 계획과 목표를 세워야 한다. 그리고 그 계획을 월 단위로 구분해 업무 노트에 기록한다. 그리고 매월 초 이 계획을 다시 주 단위로 나눈 후, 매일 아침 업무 시작 전에 일의 경중과 시급함을 따져 우선순위를 정하고 또 시간 계획과 함께 업무를 시작한다.

3. 자기계발은 내 업무에서부터 시작하라

직장에서 최고의 경쟁력을 갖추는 길은 일단 자신의 업무에서 최고의 전문가가 되는 것이다. 먼저, 내 분야에서 국내 최고, 세계 최고의 수준에 도달하는 게 가장 효과적인 자기계발이요, 미래에 대한 가장 확실한 투자다.

4. 자신을 PR하라

지금은 PR(Public Relation)시대다. 내게 어떤 기술이 있고, 무엇을 잘할 수 있는지를 과감하게 알려라. 그 방법으로는 지인들을 통한 입소문도 있고, 강의 기회를 만들어 청중들에게 이미지를 각인시키는 방법도 있다. 그러나 가장 효과적인 방법은 관련 서적을 출판해 세상과 연결고리를 만드는 것이다.

4) 네 번째 단계 : 습관 경영

성공과 실패의 95%는 습관이 결정한다.
좋은 습관은 어렵게 형성되지만
성공으로 이끌고,
나쁜 습관은 쉽게 형성되지만
실패로 이끈다.

- 브라이언 트레이시

"습관은 위대한 사람들의 하인이며, 실패한 모든 이들의 주인이다."

스티븐 코비의 습관에 대한 정의로써 사람들로부터 가장 많은 공감대를 형성하고 있다. 이처럼 습관은 본래 무채, 무색이어서 의식적으로 그 습관을 분석해 보지 않으면 그 정체를 쉽게 알 수가 없다. 그래서 '세 살 버릇 여든까지 간다' 는 말이 있는지도 모른다.

처음 습관은 대부분 자기 통제가 불가능한 어린 시절에 형성된다. 그때는 이성보다 감성이 앞서고, 논리와 합리보다는 본능에 치우치게 됨으로써 대부분 이기적이고 게으르며 또 참을성이 없다.

그 후, 성장하면서 교육과 여러 사람과의 관계 등을 통해 조금씩 습관이 바뀌게 된다. 바로 이 때 올바른 습관을 많이 길들인 사람이 자신의 인생을 잘 다스리는 사람이 되고, 반면에 옛 습관에 머물러 있는 사람은 습관의 노예가 되는 것이다.

우리의 습관은 거의 모든 상황에서 자동적으로 반응하는 일련의 조건반사의 성질을 가지고 있다. 그래서 성공하는 사람은 '성공하는 습관'을 가지고 있고, 실패하는 사람은 '실패하는 습관'을 가지고 있다. 계획한 것을 성취하고 성공하는 것은 생각만큼 어렵지 않다. 그냥 생각하는 대로 '하면' 된다. 1등을 하고 싶으면 열심히 노력하면 되고, 부자가 되고 싶으면 돈을 벌면 된다. 그런데 그 다음이 문제다. 아는 것과 행한다는 것은 전혀 별개이기 때문이다. 성공의 이치는 너무나도 단순해 삼척동자도 다 아는 것이지만, 이것을 실제 행동으로 옮긴다는 것은 하늘의 별 따기 만큼 어렵다.

그러나 일상의 90% 이상을 차지하는 습관의 메커니즘을 이해하면 이야기는 달라진다. 먼저, 습관의 정체부터 살펴보자.

사람의 정신을 의식(意識)과 무의식(無意識)으로 나눈다면, 습관은 무의식의 영역에 자리하고 있다. 무의식 공간은 일종의 저장 공간으로써 과거의 경험이 축적되어 있는 곳이다. 반복된 일상이나 기억이 뼛속까지 깊이 뿌리박고 있어, 과거의 행위를 자연스럽게 반복하게 된다.

그런데 문제는 그 대부분의 습관이 동물의 본성을 좇아 편하고, 쾌

락적이고, 즉흥적인 면에 치우쳐 있다는 것이다. 그래서 많은 사람이 자신이 바라는 성공적인 삶을 살지 못하고 실패의 습관을 벗 삼아 살아가게 되는 것이다.

성공의 Key, 습관을 잡아라

습관은 없애거나 사라지는 게 아니라, 대체되는 것이다. 가령 성공 습관이 커지면 실패 습관은 작아지고, 실패 습관이 득세하면 성공 습관은 힘을 잃고 만다. 그래서 실패의 습관을 꾸준히 성공 습관으로 대체시켜 나가야 한다.

이를 위해 첫 번째로 할 일은 무의식의 공간에 자리한 '게으르고, 수동적이며, 쉽게 포기하는' 실패의 습관을 '성실하고, 능동적이며, 인내하는' 성공의 습관으로 대체할 수 있는 '의식의 공간' 으로 이끌어 내야 한다. 바로 이때 필요한 것이 결단이고, 의지이며, 끊임없는 노력이다.

두 번째로 할 일은 의식의 공간으로 불러 온 실패 습관을 의도적인 노력을 통해 교육하고, 훈련시켜, 성공 DNA로 그 속성을 완전히 바꾸는 작업이다. 바로 이 기간이 보통 21일 정도 소요되는 것으로 알려져 '습관 21일 법칙'이 생겨났다. 하지만 습관의 종류에 따라 그 기간은 천차만별이기 때문에 21일만 믿고 방심했다가는 그 동안의 노력이 모두 허사가 될 수 있음을 명심해야 한다.

마지막으로 '목표 지향, 인내, 도전, 성취' 등으로 바뀐 좋은 습관을 다시 무의식에 안전하게 이식하는 일이다. 그리고 그 무의식의 문에 '명철한 의식'이라는 보초를 세워, 그 성공의 습관이 습격당하지 않도록 경계를 철저히 해야 한다.

바로 이 세 가지 일을 훌륭히 수행하고 있는 사람들이 성공한 사람들이고, 또 성취할 사람들이다. 그렇다면 그 대표적인 사람들의 실제 이야기를 들어 보자.

월드스타 '비'는 인터뷰에서 다음과 같은 말을 했다.

"지금 자면 꿈을 꿀 수 있지만, 자지 않으면 꿈을 이룰 수 있다고 생각했습니다. 연습에는 장사가 없으니 죽을 만큼만 노력하자. 안심하면 무너진다……. 그런 생각뿐이었죠. 제게는 노력이라는 칼이 있으니까 불안감을 연습으로 극복할 수 있었습니다. 120%를 준비해야 무대에서 100%의 실력을 발휘할 수 있습니다. 준비가 되어있지 않으면 저는 아예 시작도 하지 않습니다."

골프 황제로 불리는 타이거 우즈는 자신의 천재성을 호평하는 기자들에게 이런 말을 했다.

"제가 다른 사람들로부터 인정을 받을 수 있는 것은 부단한 연습 이외에 다른 방법이 없었습니다. 타고난 재능이란 인간이 만들어 낸 허구에 불과합니다. 나는 슬럼프에 빠지면 더 많은 연습을 통해 정상을 되찾곤 합니다. 결코 자만심이 나의 연습 습관을 침해하지 못하게 합니다."

천재라는 원석은 분명 타고 나지만, 그 원석이 보석으로 바뀌기 까지는 부단한 노력과 단련의 과정이 필요하다. 그 고단한 과정을 이겨낼 수 있는 툴(Tool)이 습관이다. 선순환고리로 잘 연결된 성공습관이다.

・ ・ ・

성공습관을 위한 실천 3계명

제 1계명, 명확한 비전과 목표를 가져라

내로라 하는 사람들에게는 예외없이 명확한 비전과 목표가 있다. 그래서 늘 열정적으로 삶을 살아갈 수 있고 좌절하거나 포기하지 않을 수 있었다. 자신의 비전과 목표를 분명히 세우고, 되뇌는 것 자체가 성취에 필요한 가장 중요한 습관 중에 하나다. 아직까지 비전과 분명한 목표를 갖지 않은 독자가 있다면 지금 당장, 이 책의 앞 장으로 넘어가 자신만의 꿈과 비전을 정립하도록 하라. 모든 성취와 행복한 인생의 시작점에는 비전과 꿈이 있고 그 비전을 실현할 목표가 있다.

제 2계명, '작은 성공'을 계획하고 성취하라

성공을 위한 자기통제는 힘겨운 레이스다. 대부분의 목표와 성취는 장기적인 성격을 갖기 때문에 마라톤 코스 중간마다 물과 얼음이 제공되어 힘을 보태듯, 중간 중간의 작은 성취는 낯선 길에서 만난 이정표처럼 성공에 대한 확신을 불어 넣어준다. 비전을 향한 긴 여정의 곳곳에 목표에 대한 성공체험들이 채워질 때, 지속적으로 매진할 수 있는 힘을 얻을 수 있다.

제 3계명, 창의적으로 사고하고 도전하라.

급변하는 사회에서 성공하기 위해서는 새로운 시각, 창의적인 사고가 필수적이다. 그러나 새로운 길을 나선다는 것은 언제나 용기와 결단이 필요하다. 남이 가지 않은 길은 대부분이 애매하고 모호하여 확신이 서지 않기 때문이다.

하지만, 나의 일천한 경험과 과거의 방식에서 탈피하여, 과감히 문제에 대한 새로운 접근을 시도할 때, 나의 성공확률은 훨씬 높아질 수 있다. 역사의 한 페이지를 장식했던 개인이나 기업들은 예외없이 '남이 가지 않았던 길'을 찾아, 꾸준히 도전했다는 사실을 잊지 말자.

역경 지수를 높여라

성공과 실패는 항상 공존한다. 그러나 실패를 어떻게 받아들이고 활용하느냐에 따라 그 인생은 크게 달라진다. 실패도 잘 관리하면 더 큰 성공이 되고, 성공도 관리하지 않으면 더 큰 실패로 이어진다. 장기적인 관점에서 보면, 실패와 성공은 성취의 한 과정일 뿐이다.

계획하고 꿈꾸는 대로 모든 게 이루어지면 얼마나 좋을까. 하지만, 우리의 삶은 그리 녹록지 않다. 혹자는 자신의 인생에서 성공만 있고, 실패는 없었으면 좋겠다고 한다. 그러나 비전과 꿈을 실현하기 위해서는 성공도 발판이 되어야 하고, 실패도 발판이 되어야 한다.

그래서 더 크게 성취하고 성공하기 위해서는 실패 중에도 낙담하지 않고 묵묵히 자신의 목표를 주시하며 한결 같은 노력을 견지할 수 있는 '역경 지수'를 높여야 한다. 성공적인 삶은 실패 극복의 과정을 통해 역경 지수를 지속적으로 높여 가는 과정이라 볼 수 있다.

식물이 뿌리를 내리는 시기에 비가 촉촉하게 내리면 과연 농사에 도움이 될까. 한 농부의 말을 들어 보자.

"지금처럼 뿌리가 땅에 정착할 때, 이렇게 성장에 좋은 환경만 계속되면 식물은 뿌리를 깊이 내리지 않게 돼. 그래서 약한 태풍에도 쉽게 뿌리가 뽑히고, 조금만 가뭄이 들어도 쉽게 말라 죽고 말지. 너무 좋은 환경은 오히려 농사를 망친다오."

한갓 식물도 가뭄과 같이 힘겹고 어려운 환경을 이겨 내야 한다. 그래야만 비로소 뿌리를 깊게 내리고, 더욱 튼실해질 수 있다. 그러니 큰 목표를 마음에 품은 사람이야 두말하면 잔소리다.

오래전에 맹자는 이런 말을 남겼다.

"하늘이 장차 그 사람에게 큰 사명을 주고자 할 때는 반드시 먼저 그의 마음과 뜻을 흔들어 고통스럽게 한다. 그 힘줄과 뼈를 굶주리게 하여 궁핍하게 만들어, 그가 하고자 하는 일을 흔들고 어지럽게 한다. 그것은 타고난 작고 못난 성품을 인내로서 담금질해 하늘의 사명을 능히 감당할 만하도록 그 기국과 역량을 키워 주기 위함이다."

실패를 성공으로 바꾸는 4가지 '되치기' 방법

1. 사건을 보는 시각을 단기에서 장기로 바꿔라

실패에 실망하지 않고 오히려 힘을 얻기 위해서는 발생한 사건을 바라보는 관점을 단기에서 장기로 바꾸면 된다. 현재의 시련을 비전 달성을 위한 하나의 과정으로 생각하는 것이다. 이 전제가 없다면, 일상에서 일어나는 모든 실수나 실패는 그때 그때마다 실패와 좌절로 끝나고 만다. 하지만, 장기적 관점을 유지하면 모든 실수나 실패가 비전을 향한 단단한 발판으로 바뀌게 된다.

2. 실패를 이해하고 받아들이는 자세를 견지한다

환자가 병을 이겨 내기 위해서는 자신의 병을 인정하는 게 첫 번째다. 마찬가지로 실패한 사람이 현재의 어려움을 이겨 내기 위해서는 실패의 원인을 환경이나 남의 탓으로 돌리지 않고, 자신의 몫으로 겸허하게 받아들여야 한다. 그래야만 실패를 통한 배움에 이를 수 있다.

3. 실패를 분석해 재발을 방지한다

인생의 오답(실패) 노트를 만들어 기록해 보자. 그러면 학습 효과가 높아져, 같은 실수에 대한 경각심이 높아진다. 특히 중대한 일을 추진하거나 결심할 때 이 실패 노트에 적힌 교훈이 큰 힘을 발휘하게 될 것이다. 인생도 시험과 같이 틀린 문제를 자꾸 틀리는 경향이 있기 때문이다.

4. 실패 속에서 반드시 기회를 발견하라

전화위복(轉禍爲福)이라는 말이 있다. 실패라고 해서 모두 버릴 것만 있는 것은 아니다. 실패를 냉철하게 바라보면, 더 좋은 기회로 전환시킬 수 있는 방법이 반드시 존재한다. 실패로 넘어질 때마다 반드시 전화위복의 기회를 쥐고 일어나라. 이것이 실패를 성공으로 되돌리는 비결이다. 다시 일어서면 실패한 만큼 강해진다.

3직(三直)을 습관화하라

거침없고 강렬한 인생. 단 일 획으로 표현될 수 있는 삶엔 묘한 끌림이 있다. 바름에 거침이 없고, 역경을 열정의 불쏘시개로 삼는 사람들의 이야기는 감동적이기까지 하다. 성취와 성공 때문이 아니라 그 삶에 인간적인 매력이 배어 있기 때문이다.

그 숨어있는 매력의 비밀은 3직(三直)에 있다. 3직은 정직(正直), 강직(强直), 솔직(率直)이다. 정직은 믿음을 심어주고 강직은 신뢰를 굳게 하며, 솔직은 인간미를 더한다. 이 세 가지를 습관화하면 평생 매력적인 인생을 살아갈 수 있다. 3직(三直)을 실천할 수 있는 방법이다.

먼저, 정직(正直)이다.

정직은 마음에 거짓이나 꾸밈이 없이 바르고 곧음을 뜻한다. 신뢰를 주는 사람들의 특징이다. 특히 부정직한 사회에서는 돋보이는 경쟁력이기도 하다. 정직을 실천하기 위해서는 두 가지 원칙이 필요하다.

첫 번째는 '언제나 사실 그대로를 단순하고 간결하게 말하는 것'이며, 두 번째는 첫 번째 원칙을 준수할 수 있도록 스스로 부끄럽지 않은 삶을 살아내는 것이다. 그리고 이 원칙들을 끝까지 준행하기 위해서는 정직으로 인한 불이익은 기꺼이 감내하겠다는 용기도 필요하다.

세상에는 귀하고 아름다운 그릇들이 참 많다. 하지만 깨끗하지 않은 그릇은 그 용도대로 사용될 수 없다. 크게 쓰임 받고자 한다면 스스로를 늘 깨끗케 해야 한다.

두 번째, 강직(强直)이다.

강직은 마음이 꼿꼿하고 곧음을 뜻한다. 지도력의 근간이 되는 항목이다. 그래서 한 조직의 리더라면 반드시 가져야 할 성품이다. 강직을 실천하기 위해서는 '심는 대로 거둔다'는 자연이치와 함께 '버려야 얻고, 죽어야 산다'는 역설도 반드시 이해해야 한다.

경제적 자유를 위해 가진 돈을 리스크의 제단에 올려 놓을 수 있는 배짱도 때론 필요하고, 목마름을 해갈하기 위해 지금 가진 마중물을 마른 펌프에 아낌없이 쏟아 부을 수 있는 용기도 필요하다. 내가 택한 길에 후회가 없다면 남은 것은 의연히 참고 견디는 것이 강직이다.

세 번째, 솔직(率直)이다.

솔직은 거짓이나 숨김이 없이 바르고 곧음을 뜻한다. 매력의 화룡점정(畵龍點睛)이라 할 수 있다. 솔직한 사람과는 언제라도 마음을 터놓고 얘기하고 싶어지기 때문이다. 솔직하기 위해서는 자존감이 높아야 한다. 하나님께서 빚어내신 현재의 내 모습을 있는 그대로 인정하고 감사하는 마음을 회복하면 자존감도 되살아 난다. 자존감이 낮거나 자신감이 없으면 삶에 여러 가지 사족이 붙기 마련이다. 부족함을 명품으로 치장하기도 하고, 가진 배경으로 병풍을 치기도 한다. 이 사족들을 하나씩 제거해 나가다 보면 '솔직' 이 모습을 드러낸다.

정직과 강직이 스스로 쌓아 올리는 것이라면 솔직은 스스로 무너뜨리는 것이다. 내가 무너뜨리면 주위 사람들이 쌓아준다.

후회없는 인생을 살아가기 위한 3직(三直)에는 공통적으로 곧음(直)이라는 단어가 들어간다. 바름(正)과 강함(强) 그리고 진솔(率)을 곧게 세우는 일이기 때문이다. 의도적인 노력이 몸에 배면 체화된 습관이 된다. 성공습관 중 매력을 더하는 3직을 기억하자.

5) 다섯 번째 단계 : 브랜드 경영

일등을 목표로 삼지 말고
남과 다른 길을 목표로 삼아라.
이 세상에 같은 사람, 같은 인생은 없다.
각자의 삶을 열심히 살게 되면,
모두가 일등 인생이다.

"당신은 '프로페셔널(Professional)' 입니까?"

이 질문에 명확히 답을 내리는 사람은 그리 많지 않다. 더구나 일반 인에게 'Professional' 과 'Amateur' 라는 이분법적 자를 들이댄다는 것은 어쩌면 의미 없는 일인지도 모른다. 그만큼 프로페셔널의 기준은 모호하고, 다분히 주관적이기 때문이다. 하지만 여기에 '객관화' 라는 판단기준을 들이대면 그 차이는 명확해진다.

현대사회는 브랜드가 가장 큰 경쟁력이다. 이미 유형 자산의 가치를 무형 자산인 브랜드의 가치가 넘어선 지 오래다. 2015년 포브스 선정 세계 기업브랜드 TOP3인 '애플' 이나 '마이크로소프트', '구글' 의 브랜드 가치는 모두 600억 달러를 훌쩍 넘어서고 있다. 가히 천문학적인 숫자다.

브랜드는 대다수가 인정하는 월등한 실력이나 기술 혹은 긍정적 이미지로 각인되어 있어 상품성이 높은 대상으로 평가받고 있다. 따라서 이제는 개인도 자신만의 브랜드를 갖고 관리해야 할 때다.

비전을 이루어 가는 데 있어서도 개인 브랜드 구축은 대단히 중요한 부분이다. 유명 브랜드는 아닐지언정 고유의 특색을 지닌 독특한 브랜드는 비전을 펼쳐가는 데 여러 가지로 유리한 점이 많기 때문이다. 그러므로 이제는 자신의 이름과 능력을 브랜드로 창출하고 철저히 관리해 나가야 한다.

프로페셔널이 브랜드의 시작이다

"나는 프로페셔널인가, 아마추어인가?"

일반인도 프로페셔널과 아마추어가 있다. 아래 5개 항목의 내용을 읽고, 질문 내용이 자신의 생각과 부합하면 'O', 부합하지 않으면 '×'를 표시해 보자.

순번	항 목	결과(○ or ×)
1	현 회사의 존립 위기는 내 생계의 위기다	
2	내 업무의 대부분은 상사의 지시에 의해 이루어진다	
3	나는 일의 결과보다 과정을 더 중요하게 생각한다	
4	나의 업무(기술) 수준은 동종 업계 평균치를 미달하는 것 같다	
5	나는 직장 내에서의 목표가 불분명하며, 생활에 활력이 없다	

결과는 어떤가? 혹시, 5개의 질문 중 '○'가 4개 이상인 사람은 없는가? 만일 당신이 여기에 해당된다면, 애석하게도 당신은 퇴출 1순위다. 경쟁력이 한참 떨어지는 아마추어이기 때문이다. 그래서 회사에서 '나가라'고 해도 할 말이 없다.

그렇다면, '×'가 4개 이상 표기되어 있는 사람은 없는가? 만일 당신이 여기에 해당된다면, 당신은 회사에서 놔 주지 않는다. 당신은 회사의 보배이기 때문이다.

즉, 당신은 프로페셔널이다. 여기서 말하는 프로페셔널이란, 전문 분야의 지식과 다양한 정보를 활용해 새로운 지식을 창출하고, 자율적으로 판단하고 행동하는 사람들을 폭넓게 이르는 말이다. 여기에 강한 윤리 의식과 이타적인 성향까지 갖추었다면 그야말로 인재(人財)다.

프로페셔널들의 특징은 일의 과정도 꼼꼼하지만, 숫자로 명확히 표현되는 결과에 더 무게중심을 두는 책임주의형 인재다. 그래서 이들은 회사와 1:1(기업=프로페셔널)의 관계를 형성해 종속되지 않는 하나의 독립체이며, 직장인(職場人)이 아니라 직업인(職業人)으로 부활한 사람들이다.

직장에서의 프로페셔널은 '전문가' 를 말한다. 자신의 분야에서 자타의 인정을 받아야 한다. 이를 위한 가장 보편적인 방법은 자신의 업무와 관련된 '자격증' 을 취득하는 방법과 공신력 있는 대외 기관에서 수여하는 '상(賞)' 을 받는 방법 등이 있다. 실제로 각종 국가 공인 및 민간 자격증을 보유한 근로자의 임금이 그렇지 않은 근로자에 비해 평균 30% 가량 높은 것으로 조사된 바 있다. 특히, 학력이 낮을수록 자격증이 개인 경쟁력을 높이는 필수적인 요소로 작용한다.

또한 대외적으로 인정받고, 자신의 브랜드를 만들고자 하는 사람은 자신의 일을 책으로 출판하는 방법도 있다. 그리고 기회가 닿는 대로 외부 강의 등을 통해 경력을 쌓는 게 좋다. 또 여러 가지 대내외 활동을 '이력서' 에 담아 보자. 그리고 그 이력서를 반년에 한 번씩 업데이트한다는 목표를 세워라. 그 작은 실천만으로도 남들과 차별화된 프로페셔널의 길이 만들어지기 시작할 것이다. 이력서는 직장생활의 성장 나이테임을 잊지 말자.

· · ·

프로페셔널이 되기 위한 4가지 원칙

1. 일의 목적과 본질에 충실하라

프로페셔널은 '머리'로 일하고, 아마추어는 '손'으로 일한다. 프로페셔널은 부가 가치 창출을 위해, 일의 목적과 목표 그리고 그 일의 의미를 분명히 한 후 실행하는 지혜가 있다. 이들은 일이 끝난 후에도 결과에 지속적인 관심을 두고 더 나은 방법을 찾아 개선한다. 그러나 아마추어는 단지 지시받은 일을 기계처럼 수행하기만 한다.

2. 나음(Better)보다는, 다름(Different)을 추구하라

같은 일을 하더라도 다른 사람과 방법을 달리해 지름길을 찾고, 다른 시각을 갖는 연습을 지속하라. 그러면 자연스레 브랜드가 형성되고 또 그 분야에서 선점 효과도 누릴 수 있게 된다.

눈을 돌리면 시야가 트인 다른 세상이 보인다. 상대와의 비교를 통해 조금 '나음(Better)'을 선택하지 말고, 내가 주체가 되는 '다름(Different)'으로 특화하는 게 개인 브랜드화를 위해 훨씬 유리하다. 최초가 최고를 이긴다.

3. 기복 없는 실력을 위해 끊임없이 노력하라

사람들이 가지 않은 길에 발을 내디디면 그 흔적이 남는다. 그것이 브랜드의 선점 효과다. 하지만, 곧 다른 사람들이 뒤따르게 된다. 특히 돈이나 인기를 누릴 수 있는 길이라면 그 길은 금세 대로(大路)로 변하고 만다. 그게 사람 사는 일에서 예외 없이 발생하는 일상이다.

하지만, 일단 브랜드가 형성되면 주도권은 선점한 사람에게 주어진다. 그러나 수성(守成)하기 위해서는 한 가지 전제가 있다. 꾸준한 노력으로 자신의 수준을 향상시켜 나가야 한다. 지속적으로 정보를 수집하고, 새로운 기술이나 지식의 영역으로 자신을 업그레이드해 나가야 한다. 이 일을 멈추는 순간, 추월당하거나 브랜드의 힘을 잃고 만다.

나만의 블루오션을 창출하라

블루오션을 창출한다는 것은 기업이나 개인에게 큰 기회가 된다. 막강한 브랜드를 갖게 되는 동시에 많은 경제적 효과를 누릴 수 있다.

기업 측면에서 바라보는 블루오션(Blue Ocean)은 지금까지 존재하지 않았던 산업이나 미개척 시장 등을 일컫는 것으로, 경쟁자가 존재하지 않는 아주 쾌적한 독점시장을 이야기한다. 반면, 개인적 측면의 블루오션은 다음 두 가지 조건을 가진 인재가 창출하는 '차별화된 역량과 시장' 을 의미한다. 그 첫 번째 조건은 '희소성이 높은 지식이나 기술을 소유할 것', 두 번째는 '그 지식이나 기술이 무한 가치를 창조할 가능성이 클 것' 이라는 점이다.

'차별화된 역량' 으로 무한 가치를 창출한 예로, 20세기 회화의 거장인 피카소를 들 수 있다. 피카소는 사실적 표현 위주인 미술계의 전통에서 벗어나, 그만의 독특한 시각과 다양한 각도로 피사체를 관찰했다. 그는 선이나 면, 색을 재해석함으로써 전혀 새로운 성격의 추상화를 세상에 내놓게 되었다. 물론 그 작품의 값어치는 상상을 초월한다.

또한 우리나라 무역의 선구자인 해상왕 장보고는 신라와 당나라에서의 다양한 무역 체험과 인맥 관리 등을 통해 그만의 블루오션을 구축했다. 그리고 그것을 바탕으로 국가 중심의 공(公)무역을 사(私)무역 체제로 유도해 무역의 큰 흐름을 변화시켰으며, 중국과 일본을 잇는 삼각 무역을 주도해 왕실보다 더 막강한 권력과 부를 축적하기도 했다.

이처럼 다른 사람이 근접하지 못하는 나만의 역량을 개인적 블루오션이라고 한다면, 어떻게 하면 그 블루오션을 창출할 수 있을까. 그 해답은 H형(시너지 창출 형) 인재에서 찾을 수 있다.

지금까지 각 분야에서 전문가로 인정받던 사람들은 대부분 I형(한 우물 파기 형) 인재였다. 자신이 잘할 수 있는 분야를 찾아 그 분야에서 남들보다 심도 있는 지식과 기술을 습득한 사람들이다. 하지만, 지금은 각 분야에 너무나 많은 전문가가 등장함으로써 이미 경쟁이 치열한 레드오션으로 변하고 말았다. 이제 I형 인재로는 그 역량을 제대로 인정받기 어려워진 시대다.

반면, 탁월한 'H형' 인재가 되기 위해서는 남들보다 뛰어난 전문 분야를 최소 두 가지 정도는 가지고 있어야 한다. 그때 각각 체화된 전문 지식이 서로 상승 작용을 일으켜 놀라운 시너지 효과를 창출한다. 1+1=11이 되는 효과 (I+연결 라인+I= H)가 바로 H형 인재다.

블루오션, H형 인재가 되는 법

1. 직업의 목표를 명확히 하라

자신의 장점과 기질을 토대로, 하고 싶은 일을 찾아 몰입하는 사람과 타인이 평가하는 수준에 맞춰 할 일을 찾고 타인의 지시에 따라 수동적으로 일하는 사람과의 차이는 비교 불가다. 무엇을 하든지 자신의 위치와 내가 왜 그 일을 하는 지에 대한 분명한 이유와 목표를 가져라. 나아가야 할 방향과 푯대가 명확하지 않은데, 어찌 성공의 열정과 노력이 수반될 수 있겠는가.

2. 스스로 자신의 업무 커리어(Career)를 관리하라

직장에서 목표 달성을 위해 스스로 자신의 업무를 선택할 수 있도록 적극적으로 상사에게 자신의 의견을 개진하고, 관심 있는 업무 분야에 대해 지속적으로 학습하는 등 사전 준비를 통해 계획적으로 자신의 업무 커리어(Job Career)를 관리하도록 하자.

최근에는 사내에서 필요한 인재를 각 팀에서 공개 모집하는 잡포스팅(Job-posting) 제도가 활성화되어 있어 준비만 되어 있다면 얼마든지 자신의 커리어를 관리할 수 있는 시스템이 마련되어 있다.

3. 담당 업무에서 반드시 최고의 전문가가 되어라

어떤 분야든 자신의 업무에서 만큼은 최고의 전문가로 성장하라. 직장인으로서 자신의 업무에서조차 최고가 되지 못한다면 개인적 블루오션은 요원한 바람일 뿐이다.

4. 업무와 관련된 내용이나 관심 분야의 자료를 지속적으로 스크랩하라

관심 있는 분야나 업무와 관련된 자료를 스크랩하는 과정에서 최근 트렌드를 지속적으로 업데이트(Update)해 나가야 한다. 전문가로서의 자질을 강화시켜 주는 좋은 습관이 된다.

5. 인적 네트워크를 구축하라

업무를 효율적으로 처리하기 위해서는 신속한 정보 수집이나 타 팀과의 업무 공조는 매우 중요한 사항이다. 이것은 평소에 인맥을 어떻게 관리했느냐에 따라 갈리는 능력으로 무엇과도 비교할 수 없는 큰 경쟁력이 된다.

6. 자신의 블루오션을 PR하라

알려지지 않은 자신의 블루오션은 개인 수영장에 불과하다. 자신의 블루오션이 브랜드화 되어 시장에 놓일 때에야 비로소 그 블루오션은 객관적으로 빛을 발하게 된다. 대내외적으로 자신의 존재감을 알려라.

펀(Fun) 리더십으로 조직을 경영하라

"웃음이 있는 곳엔 행복이 와서 들여다보고, 고함이 있는 곳엔 불행이 와서 들여다본다."

가정과 기업이 흥(興)하기 위해서는 먼저 그 구성원이 신나야 한다. 그래서 최근 가정 살리기 캠페인이 다시 늘어나고, 기업들마다 직원들의 기 살리기가 유행하고 있다.

그러나 구성원들의 기를 살리고 삶의 터전을 신명 나는 장소로 바꾸는 일이 그리 쉬운 일은 아니다. 구성원들의 마음을 얻어야 하기 때문이다. 서로 공유하는 따뜻한 에너지가 창출되어야 즐거운 분위기가 유지되고 또 의도하는 목표도 수월하게 달성할 수 있다.

GE 전 회장이었던 잭 웰치는 이런 일을 잘 해내는 사람들을 펀(Fun) 리더라고 불렀다. 그가 정의하는 펀 리더로서의 성공은 이렇다.

"펀 리더가 되기 전의 성공이란 그저 자기 자신의 성장만을 의미한다. 즉 성공은 나의 성과, 나의 실적, 나의 개인적인 기여에 달려 있다. 그러나 펀 리더가 된 후의 성공이란 나를 위해 일하는 사람들이 더 영리해지고 더 큰 그릇이 되어야 한다. 또 이들이 더욱 대담해지도록 지원하는 등 즐겁고 신명 나는 일터를 조성함으로써 모든 구성원이 성장하고, 그들이 속한 전체는 더 큰 성과를 이루는 것을 말한다."

리더가 되기 전에는 '그 사람, 일 잘한다'고 인정받지만, 리더가 된 후에는 '그 조직의 성과'로 평가받기 마련이다. 조직 내에 펀(Fun)을 창출하는 능력이야 말로, 내가 속한 조직을 살리는 펀(Fun) 리더의 역할이다.

유능한 편(FUN) 리더가 되기 위한 핵심 역량 3가지

1. 신뢰(Trust)

유능한 편(Fun) 리더의 초석은 구성원들의 신뢰를 얻는 데 있다. 구성원과 돈독한 신뢰가 형성된다면, 구성원 모두 자발적으로 리더를 따르게 된다.

불신을 이겨내고, 상하간에 깊은 신뢰를 쌓음으로써 조직의 효율을 극대화했던 일본 다나카 전 수상의 이야기가 있다.

초등학교 출신인 다나카 전 수상이 동경대 출신이 많은 대장성 장관으로 임명되었을 때의 일이다. 엘리트 관료집단의 본산인 대장성에서는 노골적인 불만이 표출되었다. "초등학교 출신이 무엇을 알겠느냐고." 그러나 다나카는 1분도 안 되는 짧은 취임사를 통해, 직원들의 우려와 불신을 일거에 해소하고 직원들과의 깊은 교감을 나누는 계기를 만들었다고 한다. 그 취임사의 내용은 다음과 같다.

"여러분은 천하가 알아주는 수재들이고, 나는 초등학교 밖에 나오지 못한 사람입니다. 더군다나 대장성 일에 대해서는 깜깜합니다. 따라서 대장성 일은 여러분들이 하십시오. 저는 책임만 지겠습니다."

2. 솔선수범

섬김, 칭찬, 배려 등의 형태로 나타나는 편(Fun) 리더십은 어느 때보다 효과적이다. 그래서 지시하고 통제하는 습관을 버리고, 내가 먼저 실천하고, 내가 먼저 섬기는 솔선수범을 체화해야 한다. 그래야 쌓은 신뢰도 더욱 돈독해지고 깊어질 수 있다.

어느 날, 기자들이 아이젠하워에게 그가 가진 리더십의 요체를 물었다고 한다. 그는 탁자 위에 실 하나를 길게 늘여 놓은 후, 그 실을 뒤에서 밀어보라 했단다. 당연히 그 실은 구부러지기만 할 뿐, 조금도 앞으로 나아가지 않았다.

그때 아이젠하워는 실의 앞부분을 잡아 끌면서 말했다. "말이 통하지 않는 동물들에게나 뒤에서 쫓는 통제가 효과적이지, 말을 알아듣는 사람에게는 앞에서 끄는 솔선수범이 가장 효과적인 방법이지요" 했단다.

3. 커뮤니케이션

가정을 포함한 모든 조직에서 리더의 커뮤니케이션 능력은 대단히 중요하다. 커뮤니케이션이란 자신의 마음이나 감정, 의견을 상대에게 설명하거나 설득하는 것이다. 반대로 상대방의 마음이나 의견을 이해하는 것이기도 하다.

두 개의 귀가 하나의 입보다 더 위에 달려 있다는 것을 기억하자. 두 개의 귀로 상대방의 말을 많이 경청한 후, 하나의 입으로 자신의 생각을 조금 말하는 것이다. 구조적으로도 입은 열고 닫게 되어 있지만, 귀는 항상 열려 있다. 어떤 상황에서도 상대방의 말에 귀를 막아서는 안 된다.

이 세상 모든 것이 마음가짐에 달렸다.
푸른 안경을 쓰고 사물을 보면
모든 것이 푸르게 보인다.
세상을 낙관적으로 보느냐, 비관적으로 보느냐에 따라
즐겁게도 보이고, 슬프게도 보인다.

빛나는 마음,
넓은 마음,
깨끗한 마음,
겸손한 마음,
온유한 마음으로 세상을 보자. - 빅토르 위고 -

4장

서(West) : 생각하며, 감사하며, 배우며(Feed-back)

1) 첫 번째 단계 : 생각하며 사는 삶의 의미

가장 조심해야 할 것은
가난도 질병도 아닌
당신의 생각이다.
생각이 당신의 삶을 지배하니까.

- 데일 카네기

"생각하는 대로 살지 않으면 사는 대로 생각하게 된다." 폴 발레리의 말처럼 올바른 생각, 긍정적인 생각, 감사에 대한 생각으로 우리의 삶을 더욱 아름답고 풍요롭게 디자인해 보자.

원하는 삶을 살아가려면 자극과 반응 사이에 '생각' 이라는 공간을 널찍하게 만들어 놓아야 한다. 자극에 반응하는 시간이 짧을수록 본능적으로 행동하게 되고, 반응하는 시간이 길수록 이성적으로 판단할 수 있기 때문이다.

이 '생각의 공간' 에 사랑, 감사, 은혜, 축복 등 긍정의 에너지를 채우면 긍정적인 사람이 되어 성취하며 사는 행복한 인생이 된다. 반면에 불평, 원망, 후회, 분노 등 부정의 에너지로 채우면 부정적인 사람이 되어 결국 자신을 파괴하고 무너뜨리는 실패한 인생이 되고 만다.

삶도 정리가 필요하다

복잡다단(複雜多端)과 융합(convergence) 그리고 속도(speed)가 현대사회를 설명하는 대표적인 단어들이다. 그러나 가지 많은 나무도 하나의 뿌리에서 비롯되듯, 온갖 복잡한 사회 현상들도 결국은 하나의 원인으로부터 시작되는 경우가 많다. 복잡함을 해결할 수 있는 것은 단순화하는 일이다.

삶도 그렇다. 아무리 복잡한 일이라도 그 근원을 찾아 명확한 원칙을 들이대면 모든 게 단순하게 풀린다. 그래서 단순함은 하찮은 것 같지만 큰 내공을 가진 사람만이 품을 수 있는 무기다.

아마추어는 일을 복잡하게 만들지만, 모든 것을 꿰차고 있는 프로페셔널은 복잡한 일도 단순하게 만들어 해결한다. 일을 복잡하게 만드는 것은 매우 간단한 일이지만, 복잡한 것을 간단하게 만드는 것은 고난이도의 기술이 필요하기 때문이다. 단순화가 능력이다.

문제와 현상을 단순화시키는 방법 중의 핵심은 '문제 해결의 목적'과 '문제 해결의 목표'를 명확히 하는 것이다. 그 두 가지를 분명히 인식하는 것만으로도 90%의 잔가지는 잘라 낼 수 있다.

단순한 삶은 인생에서 시간적 여백과 심리적 여백을 제공한다. 시간적 여백에서 삶의 여유가 나고, 심리적 여백에서 차분한 기품이 서린다. 바로 이 단순함은 생각하는 삶, 계획하는 삶, 정리하는 삶의 산물이다.

그렇기에 때로는 삶도 정리가 필요하다. 깔끔한 책상이나 잘 정돈된 집에 들어서면 기분이 좋아지듯, 계획적으로 잘 짜여진 인생은 기분은 물론 활력까지 되살린다. 비전을 수립하고, 삶의 목표를 세우며, 계획하는 과정에서 느꼈던 감정이 바로 그 정리 효과다.

복잡해 보이고 귀찮아 보일 수 있는 비전 만들기 과정이 오히려 삶을 단순화시키고 집중시키는 단순화 작업이다. 세상의 이치나 진리는 모두 단순 명료하다. 사과나무를 심으면 사과가 열리고, 배나무를 심으면 배가 열리기 마련이다.

그리고 보면 성취하는 삶, 행복한 인생을 만드는 일도 굉장히 간단하다. 나의 비전을 만들고 그 비전을 달성할 부문을 세분화해 목표를 수립한다. 그리고 그 목표를 달성할 세부 계획을 세우고, 실행 방법을 구체화한다. 그리고 시행한다. 실행하는 중에 시행착오를 통해 더 효율적인 방법을 지속적으로 찾아내고, 그것을 습관화한다. 이런 과정이 반복되면서 시간이 흘러가면 계획한 모든 것이 성취되는 것을 보게 된다. 이것이 바로 비전 성취 방법이고 프로세스다.

몇 년 전, 중소기업에 근무하는 한 임원을 소개받아 비전 컨설팅을

한 바 있다. 그는 50대 초반으로 대단히 열정적인 분이었다. 천성적으로 근면하고 성실하며, 예의까지 발라 회사는 물론 주위 사람들로부터 인정받는 사람이었다.

그는 가난한 농부의 아들로 태어났지만, 부모님의 헌신으로 중학교 때부터는 대도시에서 학교에 다닐 수 있었다고 한다. 하지만 독서실과 몸 하나 누일만한 자취방에서 전전긍긍하며 결혼 전까지 12년 동안 자취 생활을 해야만 했다.

다행히 대학 졸업과 동시에 원하는 대기업에 입사해 업무 능력을 탄탄히 쌓을 수 있었고, 그의 능력을 높이 산 경쟁사로 두세 번의 이직을 통해 동료들보다 빠른 진급과 높은 연봉을 받았다. 경제적으로도 어느 정도 넉넉한 생활이 가능해진 상태였다.

그러나 그에게는 늘 마음 한편에 미래에 대한 두려움과 함께 정신없이 앞만 보고 달려 왔던 자신의 삶에 대한 의문이 들었다고 한다.

"늘 최선을 다해서 이만큼 이뤘는데, 이렇게 사는 게 잘 사는 인생일까? 이렇게 살려고 태어난 걸까? 매일 야근과 잦은 약속으로 가족과 식사는커녕 대화도 거의 단절된 상태고, 자녀들과 얼굴 마주칠 일도 거의 없다."

그러던 어느 날, 친한 친구가 심근경색으로 먼저 세상을 등지는 일이 발생했다. 그날 그분의 영정 앞에서 문득 이런 생각이 들었다고 한다.

"나도 이렇게 살다가 저 친구처럼 갑작스럽게 허망한 죽음을 맞이한다면……. 아직 해야 할 일도 많고……. 그리고 아직 죽음에 대한 준비는커녕 생각도 해본 적이 없는데……."

그의 인생 목표는 오직 경제적으로 넉넉한 삶이었다. "가난에서 벗어나고 싶었고, 아이들에게 가난을 대물림해서는 안 된다"는 책임감으로 정신없이 살아왔다는 것이다. 그러나 친구의 죽음 앞에서 삶의 의미와 방향도 모른 체 정신없이 내닫기만 하던 자신의 삶을 새롭게 발견한 것이다.

"매일 반복되는 복잡한 문제와 일들 사이에서 나 자신을 찾는 일은 엄두조차 낼 수 없는 상황이지요. 하지만, 이제는 내가 내 삶의 주인이 되어야겠다는 생각이 들어요. 늘 다른 사람과 환경에 휘둘리며 살다가 어느 날 갑자기 죽음을 맞이하게 된다면 얼마나 억울하겠어요?"

몇 주간의 만남을 통해 그분은 비전을 새롭게 발견했고, 회사의 일처럼 자신의 삶도 체계적으로 관리할 수 있는 계획과 실행 방법을 찾게 되었다. 그리고 가족에 대한 소중함을 표현하는 일과 실천을 통해 그동안 소원했던 가족과의 관계도 제자리를 잡아가게 되었다.

"어둡고 흐릿하게 보이던 인생이 환히 밝아진 느낌이에요. 현재의 나를 알고, 미래의 나를 알며, 내가 성취할 목표와 그 의미가 분명해진다는 것이 이렇게 편안한 마음을 줄지는 미처 몰랐어요. 내가 소중하게 생각하는 것들을 살펴보며 내가 가는 길과 성취할 것을 미리 안다는 것 그리고 그 삶이 나에게 주는 의미가 무엇인지 안다는 확신이 지금까지 경험해보지 못한 평안함을 줍니다."

바쁜 일과 중요한 일

바쁜 일은 항상 중요한 일이라는 가면을 쓰고 나타난다. 그래서 행동의 우선순위는 대부분 바쁜 일이 차지하고 만다. 그러나 바쁜 일의 실체는 가볍고 허상인 경우가 많다. 그래서 아무리 빠르게 많이 처리한다고 해도 그 일들이 삶의 행복과 성취로 이어지는 경우는 극히 드물다.

반면, 중요한 일은 바쁜 일의 가면에 가려 늘 미뤄지는 경향이 있다. 건강처럼 잊고 지내다가 그 소중함을 깨달을 때는 이미 돌이킬 수 없는 상황에 이르는 경우도 많다. 그래서 중요한 일은 늘 관심을 갖고 의식적으로 관리해야 한다.

본래 바쁜 일과 중요한 일은 서로 비교할 수 없는 다른 차원의 것이다. 바쁜 일은 시간과 관련이 있고 중요한 일은 삶의 질과 관련이 있다. 그러나 상이한 두 차원의 일이 서로 부딪치게 되는 것은 바쁜 일이 중요한 일에 입히는 직접적인 타격 때문이다. 우리가 바쁜 일에 치어 정작 중요한 일을 뒤로 미뤄도 되는 일로 착각하도록 만들기 때문이다.

바쁜 일은 바쁜 일이고 중요한 일은 중요한 일이다. 같은 목적지를 가더라도 비행기와 자동차가 서로 부딪치지 않듯이 각각 다른 트랙이다. 각자의 스케줄이 있어 바쁜 일은 먼저 처리하고 미뤄도 되는 일은 나중에 처리하는 게 맞다. 하지만, 중요한 일은 언제나 중요하다. 그래서 늘 진행상태에 있어야 한다. 우리의 삶 전체가 비전과 꿈을 향한 일련의 과정 안에 있어야 하는 이유다.

우리가 바쁨을 경계해야 하는 진짜 중요한 이유는 내가 '주도적인 삶을 살지 못하고 있다'는 생활의 방증이기 때문이다. 바쁨은 본질적으로 외부 요인에 의해 발생한다. 시간에 쫓기는 환경에서 피동적으로 반응하게 되는 부산함이다. 근본적으로 다른 사람의 필요에 의해 내가 수동적으로 반응하는 경우가 많아 실제적으로 나에게 도움이 되는 일은 적다.

반면, 비전이나 목표 등 나에게 중요한 것들은 스스로 관심을 쏟고 있다면 얼마든지 관리해 나갈 수 있는 일이다. 내가 주도적으로 계획하고 실천해 갈 수 있다는 것이다. 필요와 자각에 의해 스스로 정한 목표이기에 동기 부여의 정도도 다르고, 시간을 관리하는 계획을 수반함으로써 시간을 다스리게 된다. 피동적으로 시간에 쫓기게 만드는 타인의 일과는 근본적인 차이가 있다.

그런데 많은 사람이 중요한 일보다는 바쁜 일에 관심을 더 갖는다. 자연히 중요한 일은 후순위가 되어 기억에서 사라진다. 그래서 인생에는 후회가 더 많은지도 모른다.

중요한 일을 두고 사람들이 겪게 되는 고통은 두 가지다. 하나는 훈련의 고통이고, 다른 하나는 후회의 고통이다. 훈련의 고통은 중요한 일을 선택한 후, 능동적이고 주도적인 삶을 사는 데 따르는 성장통이고, 후회의 고통은 중요한 일을 외면한 삶의 결과로 생기는 좌절감이다. 훈련의 고통은 감내(堪耐)하는 것이고, 후회의 고통은 사전에 막아야 한다. 훈련의 고통을 참고 견디면 결국 원하는 결과를 얻게 되지만, 후회는 낙심 외에 특별한 결과를 기대할 게 없기 때문이다. 깨달음도 하나의 수확이겠지만, 몰랐던 깨달음이 아니기에 시간 낭비에 가깝다. 중요한 일에 집중하자.

버킷 리스트(Bucket List)

이 세상에 죽는다는 것 만큼 확실한 일도 없다. 그러나 많은 사람들이 불확실한 것에는 과감히 투자하면서, 100% 확실한 죽음은 준비하지 않는다. 준비없는 곳엔 늘 후회가 따르기 마련이다. 특히, 다시 돌아올 기회가 없는 죽음 앞에서의 후회는 얼마나 큰 사무침이겠는가.

죽음은 그리운 사람들과의 이별, 하고 싶었던 일들과의 결별을 의미하지만, 죽음에 대한 인식은 소중한 사람들과의 더 많은 추억과 사랑 나눔 그리고 하고 싶은 일에 대한 시작의 용기를 제공하는 가장 강력한 단초를 제공한다.

버킷 리스트는 죽기 전에 꼭 해보고 싶은 일들을 적은 목록을 말한다. 죽음을 앞둔 사람들이 과거를 돌아보며 후회가 적은 미래를 보내기 위해 세운 단기 목표라 할 수 있다. 곧 닥쳐올 죽음을 보다 적극적으로 대처하려는 능동적인 활동이다.

만일 나에게 주어진 시간이 5분밖에 남지 않았다는 것을 알게 된다면 무엇을 할까. 아마도 소중한 사람들에게 지체 없이 전화를 할 것이다. 사랑한다고……, 고맙다고……, 먼저 떠나서 미안하다고……,

그리고 천국에서 다시 만나자고…….

만약, 남겨진 시간이 1년이라면, 첫 일주일은 비전을 압축해서 '할 수 있는 일'과 '할 수 없는 일'을 나눌 것이며, 할 수 있는 일 중에서도 다른 사람이 해도 무방하거나 가능한 일은 제외시킬 것이다. 그 후, 오직 '나'만이 할 수 있는 일과 하지 않으면 크게 후회할 일의 목록을 작성할 것이다. 아마도 그 목록에는 유언, 가족과의 여행과 많은 대화, 기억나는 친족, 친구들과의 만남 그리고 마무리할 수 있는 비전과 목표의 실천, 유산 정리, 임종 기도 등이 될 것이다.

만약 10년 뒤에 죽게 된다면, 현재의 비전을 1/5로 압축해 더욱 자신의 삶에 충실할 것이며, 마지막 1년은 먼저 기술한 '1년'의 계획대로 보낼 것이다.

대부분의 사람들처럼 늙어 죽게 된다면, 현재와 같이 비전과 목표 설정대로 살아가되, 조금 더 사랑하고, 조금 더 양보하고, 조금 더 베풀고, 조금 더 행복해지기를 선택하며 살지 않을까. 그런데 예상과 달리 많은 사람들은 '늙어서…'라는 전제에 모든 긴장이 풀려 영원히 사는 것으로 착각하기 시작한다. 그래서 '해보고 싶은 일'은 언젠가로 다시 미룬다. 후회 없는 죽음에 대한 준비가 완전 무장해제되고 만다.

죽음을 의식하는 것은 지혜로운 사람의 일면이다. 죽음을 준비하기에 사는 것도 두렵지 않을 수 있다. 중요한 것에 집중하고 부질없는 것들을 움켜쥐지 않게 된다. 움켜쥘수록 손에서 빠져나가는 모래와 같은 것이 세상 일인 것을 아는 까닭이다.

버킷리스트를 만들어 보자. 할 수 있고 없고를 떠나서 나의 유한한 삶을 셈하게 되는 것 만으로도 충분한 가치가 있다. 인생은 성공관으로 사는 게 아니라 가치관으로 살아야 한다. 그 가치를 볼 수 있는 눈을 버킷리스트가 뜨게 해 줄 것이다.

2) 두 번째 단계 : 감사하며 사는 삶의 의미

감사하면 아름다우리라,
감사하면 행복하리라,
감사하면 따뜻하리라,
감사하면 웃게 되리라.

- 이해인 수녀

몸의 근육처럼, 감사하는 마음을 훈련하면 감사근(感謝筋)이 단련된다. 감사할 일을 찾는 연습은 환경을 이기고 성취할 수 있는 최고의 의지적인 지혜다. 감사가 생활화되면, 어떤 역경이라도 너끈히 들어 올릴 만한 마음의 힘이 생길 것이다.

그 훈련의 일환으로 매일 아침, 일과를 시작하기 전에 감사할 일을 10가지씩 적어 보자. 생각보다 큰 효과가 있다. 처음에는 서너 가지 적기도 쉽지 않다. 하지만, 점차 감사근이 늘어감에 따라 감사에 관한 내용 10가지 정도는 금세 채울 수 있다.

'이게 무슨 의미가 있겠냐' 고 반문하는 사람들도 있겠지만, 무미건 조하던 감정에 감사가 들어차면 활기찬 긍정의 에너지로 하루를 더욱 즐겁게 시작할 수 있다.

세계의 석학들이 모여 세상에서 가장 수지맞는 단어 두 개를 골랐는데 '감사합니다' 와 '미안합니다' 라고 한다. 이 두 단어가 투자 대비 수익률이 가장 높다는 말이다. 이 짧은 음절의 단어에 반응하는 상대방의 태도가 그만큼 호의적이고 너그럽다는 분석이다. 아마도 '감사합니다 & 미안합니다' 라는 말에는 상대방에 대한 배려, 존중 그리고 잘못에 대한 인정과 수긍 등의 마음이 녹아 있기 때문일 것이다. 세상 대부분의 일들이 다른 사람들과의 관계와 도움 그리고 지지로 이루어지는데, 자신을 낮추고 상대방을 존중하는 배려의 마음만큼 타인의 마음을 움직이는 말도 없다는 의미일 것이다.

감사가 넘치는 사람은 늘 행운이 뒤따르고, 불평과 불만을 토로하는 사람은 늘 불운이 따라 붙는 건 어찌 보면 당연한 일인 듯하다. 성취와 행복은 감사를 택한 사람들의 몫이다.

행복에 관하여

행복은 마음속에 산다. 그러나 많은 사람이 행복을 환경에서 찾는 경우가 많다. 그래서 행복을 찾아 돈과 명예, 권력 그리고 세상 자랑거리에 집중하기도 한다. 하지만 그것들에 진정한 행복은 깃들어 있지 않은 것 같다.

'하버드대의 인생 성장 보고서' 라는 부제로 관심을 모았던 책 〈행복의 조건〉을 보면, 행복의 조건으로 부(富)나, 명예, 학벌 등 대부분의 사람들이 평생을 걸고 추구하는 요소들은 모두 배제되어 있음을 알 수 있다. 물론 외부 환경이 행복 증진에 기여하지 못한다는 말은 아니지만, 그 요소들이 행복의 본질이 아닐 수 있다는 의미다.

어릴 적에 누구나 한번 쯤은 행운의 네 잎 클로버를 찾으려고 다른 클로버들을 밟아 망쳐 놓았던 기억이 있을 것이다. 그런데 아이러니컬하게도 수없이 짓밟힌 세 잎 클로버들의 꽃말이 바로 '행복' 이다. '행운' 을 찾아 헤매다가 무수한 '행복' 을 짓밟고 만 것이다.

행복은 찾는 것이 아니라 느끼는 것이다. 그리고 미래의 느낌이 아니라 바로 현재, 지금 내 마음속에 움트는 좋은 느낌이다.

행복은 사람들의 모습만큼이나 다양하다. 그리고 환경이나 가치관에 따라 수없이 변하기도 한다. 그만큼 주관적인 행복을 많은 사람들은 상대방과의 비교에서 찾는다. 하지만 그건 행복이 아니라 남의 불행을 통해 나의 행복이 높아지는 것처럼 느끼는 착각일 뿐이다.

인생은 타인과의 경쟁이 아니라, 스스로 음미하며 걷는 각자의 여정이다. 그래서 건강한 행복은 남들과 비교할 때 얻을 수 있는 게 아니고, 스스로 설정한 목표나 기준에 도달하는 과정에서 얻어지는 잔잔한 기쁨 혹은 만족스런 마음의 상태다.

행복의 조건으로 크게 세 가지를 들 수 있다. 첫째가 '건강', 둘째는 '일과 성취', 셋째는 '화목한 가정'이다.

행복의 시작, '건강(健康)'

건강은 행복한 삶에 가장 기본적인 요소다. 건강한 육체에 만족이 머물고, 건강한 생각이 깃든다. 그래서 행복을 얻고자 하는 사람은 건강부터 챙겨야 한다.

건강이라 하면, 대다수는 질병이 없거나 허약하지 않은 몸의 상태라고만 생각하는 경향이 있다. 하지만 진정한 의미에서의 건강은 '신체적 · 정신적 · 사회적으로 안녕한 상태에 놓여 있는 것'을 말한다. 그래서 진정한 건강을 누리기 위해서는 몸과 정신 그리고 사회적 관계의 완전한 '균형'이 필요하다. 실제로 이 세 가지 요소 중 어느 하나만 어긋나도 금세 다른 부분들까지 무너져 내리는 것을 볼 수 있다. 몸이 여기저기 불편한데, 마음이 편할 리 없고 또 정신이 맑을 리 없다. 또한 스트레스로 만사가 귀찮고 비뚤어져 보이는데, 타인에게 고운 말을 건넬 수가 없다. 결국 세 가지 요소가 모두 좋은 상태로 균형을 이루어야 제대로 된 건강을 누리는 것이다.

삶의 보람을 낳는 '일과 성취'

사람은 경제적 동물임과 동시에 비전의 동물이다. 스스로 의식주를 해결하고, 자신의 능력으로 삶을 영위할 수 있어야 만족감이 커진다. 그리고 지속적인 자기계발을 통해 목표한 바를 하나씩 성취할 때 보람도 커진다. 결국 이 두 가지 모두가 가능해야 내적 성취감과 외적 성취감이 함께 제고되어 자존감도 높아지고 행복도 커진다.

그러나 일을 선택할 때 주의해야 할 점이 있다. 자신의 재능과 흥미를 고려하지 않고 경제적인 이유로만 직업이나 일을 선택하게 되면, 월급 날 하루의 짧은 만족을 위해 나머지 29일을 희생해야 하는 비극적인 일이 발생하고 만다. 일과 나의 비전 그리고 적성이 삼박자를 이룰 때 그 성취의 기쁨은 배가 될 수 있다.

이제 우리나라도 평균 수명 100세 시대에 접어들었다. 일할 수 있는 시간이 그만큼 늘어난 것이다. 일의 보람과 성취를 지속적으로 누리고 행복을 증진하기 위해서는 '일의 시너지 법칙'에 주목해야 한다. 이 법칙은 일에서 느끼는 즐거움이 크면 클수록 성취하는 지위와 보수가 높아지고 커진다는 것이다. 즐겁게 일할 수 있는 직업, 만족할 수 있는 일, 평생 할 수 있는 일을 찾는 것이 더욱 행복한 길을 걷는 방법이다.

행복 발전소, '화목한 가정'

인간은 사회적 동물이다. 특히, 성인 남녀가 만나 탄생하는 가정은 생물학적으로도 자연스럽고 바람직한 공동체다. 또한 화목한 가정이 행복에 기여하는 정도도 그 어느 조건 못지않게 높다. 시카고대학의 국민의견조사센터(NORC)의 발표 내용이 그것을 방증하고 있다.

"무작위로 선발한 3만 5천 명을 대상으로 지난 30년 동안의 인생에 대해 물었다. 그 조사에서 기혼자의 40%는 '매우 행복하다'고 대답했으나, 결혼 경험이 없는 사람 중에서 그렇게 대답한 사람은 23%에 불과했다. 특히, 결혼 생활에 만족하는 부부는 더 오래 살며 정신적으로나 육체적으로 훨씬 건강한 편이었다. 게다가 수입도 더 높은 편이어서 여러 측면에서 긍정적인 결과가 도출되었다."

어떻게 하면 더욱 행복한 가정을 유지할 수 있을까. 여러 요소 중 가장 중요한 것이 대화다. 그래서 부부와 자녀가 함께 행복해지는 행복 대화법을 익혀야 한다. 남편은 아내에게 '관심'과 '사랑 표현'의 말을 하고, 아내는 남편에게 '신뢰'와 '믿음'의 말을 전하는 것이다. 그리고 아이들과는 눈높이에 맞는 '긍정적 언어'를 사용해 마음의 높이를 맞추는 것이다. 이것만 서로 잘 기억하고 표현해 준다면, 부부 간의 대화는 물론 아이들과의 살가운 대화로 우리의 가정은 늘 즐거운 에너지를 쏟아내는 행복의 화수분이 될 것이다.

행복(幸福) 증진법 3가지

1. 비교 의식을 버려라

행복을 유지하고 증진시킬 수 있는 가장 유용한 방법 중 하나가 바로 다른 사람과 나를 비교하지 않는 것이다. 비교의 속성은 나의 약점을 다른 사람의 장점에 비교하기에 백전백패다. 그래서 가진 행복조차도 불행으로 바뀌고 만다.

실제로 행복한 사람들의 공통점은 '낙천적' 이라는 통계가 있다. 미국의 심리학자인 마틴 셀리그먼 교수는 "현재를 즐기면서 미래를 계획하고, 과거에 너무 집착하지 않으면 훨씬 더 행복해질 수 있다."고 말한다. 마음에 비교가 있느냐, 감사가 있느냐에 따라 행복은 그 양을 달리한다.

2. 긍정의 시각이 행복을 찾는다

행복을 느끼는데 소득과 환경 등의 외부 영향은 20% 정도에 그치고, 나머지 80%는 주관적인 노력에 의해 결정된다고 한다. 바로 긍정적인 가치관, 대인 관계, 우정, 일, 공동체 활동, 운동, 취미 생활, 나눔과 베풂 등의 삶이 행복을 좌우한다는 것이다.

인생에 있어 행복은 그 누구도 대신하거나 만들어 줄 수 없다. 우선 우리 자신에게 주어진 것에 감사할 줄 알고, 불편한 일까지도 감사한 일로 재해석해 낼 줄 아는 긍정적인 시각을 가져야 한다.

3. 현재의 행복을 즐겨라

대부분의 사람들이 죽을 때가 되면 일생을 회고하면서, 다음과 같은 세 가지 후회를 한다고 한다.

첫째, 베풀지 못한 것에 대한 후회다.

둘째, 참지 못한 것에 대한 후회다.

셋째, 좀 더 행복하게 살지 못한 것에 대한 후회다.

성공이 지속적인 행복을 불러오지는 못하지만, 행복은 지속적인 성공을 불러올 수 있다. 웃으며 즐겁게 사는 사람, 마음에 희망을 품고 나누며 사는 사람, 감사할 줄 아는 사람, 재미있게 일하고 세상에 보탬이 되는 사람이 아름답게 성공한 사람이다. 이처럼 보람있는 현재를 살아가는 사람이 진정 행복한 사람이 아닐까.

감사에 관하여

이 세상에 '감사(感謝)'만큼 큰 긍정의 에너지를 가진 것이 또 있을까?

감사는 나를 살리고, 상대방을 움직이며, 더 나아가 창조주의 도움까지 얻어 낼 수 있는 마력을 가졌다. 또 좌절하며 절망의 늪에 빠져들 때, 감사는 희망의 구명줄을 제공한다. 감사하는 마음을 표현하는 사람에게 상대방은 항상 따뜻한 호감을 갖게 된다. 감사의 그릇이 커질수록 더 큰 감사거리가 담긴다. 이것이 감사가 갖는 비밀이다.

감사는 긍정적인 마음의 태도다. 같은 환경에서도 가진 것을 보면 감사하게 되고, 갖지 못한 것을 보면 불평하게 된다. 감사하는 마음이 희망을 낳고 기적을 불러온다. 네 손가락 피아니스트 이희아 씨의 감사의 글을 보자.

"나는 장애를 주신 신에게 감사한다.

만일 내가 다시 태어난다면 지금 나의 모습, 즉 아주 작은 키 그리고 네 손가락으로 태어나고 싶다. 나는 지금이 행복하기 때문이다. 나는 손가락이 네 개 있음을 슬퍼해 본 적이 없다. 오히려 네 개를 주신 신께 늘 감사했다. 나는 두 발이 없는 점을 슬퍼하지 않는다. 오히려 어디든 달려갈 수 있는 열정과 의지력을 주심에 감사한다. 장애는 극복하는 것이 아니고 더불어 살 때 다 같이 행복해진다. 미래를 걱정하는 일만큼 어리석은 일은 없다.

지금 주어진 시간이 얼마나 소중한가. 나는 과거에도 현재도 내게 남겨진 부분을 최대한으로 극대화하는 일에 시간을 소중히 사용했다. 지금 주어진 삶을 열심히 살아가는 장애인의 모습은 경이롭도록 아름답다."

희망과 행복은 늘 감사를 택한 사람들의 몫이다. 감사는 모든 역경을 무릎 꿇게 하고, 희망을 일으켜 세우는 강력한 에너지다. 과거에서 감사할 점을 찾지 못한다면, 현재에서 찾아라. 만약, 현재에서도 찾지 못한다면 미래의 감사거리를 찾아라. 나의 환경에서 감사 제목을 찾지 못했다면, 보편적 상황에 대한 감사거리라도 찾아라. 따뜻한 태양이 다시 떠오름과 숨 쉴 수 있는 공기가 있음에 감사하라.

어떤 상황에서든 감사거리를 찾도록 노력하자. 그것이 나의 생활을 건강하고 행복하게 하는 비결이다.

베풂에 관하여

살아가면서 얼른 이해하기 어려운 일들 중에 하나가 나눌수록 풍족해지고, 베풀수록 풍요로워지는 베풂의 법칙이다. 문명의 이기(利器)로 많은 것을 소유하게 된 현대인들이 그만큼의 행복을 향유하지 못하는 이유가 바로 행복을 부르는 나눔과 베풂에 무관심하기 때문이다.

프랑스 사람들이 존경하는 인물들 중, 빈민 구호 공동체인 '엠마우스'를 창설한 삐에르 신부가 있다. 그분의 자전적 에세이집 〈단순한 기쁨〉이라는 책을 보면 다음과 같은 이야기가 있다.

어느 날, 한 청년 신사가 자살 직전에 신부님을 찾아와 자문을 구했다.

그는 가정적인 문제, 경제적 파탄, 사회적인 불명예 등 모든 상황이 최악의 상황이어서 지금 당장 죽을 수밖에 없다는 얘기를 신부님께 꺼냈다. 신부님은 그 이야기를 모두 다 듣고 나서 깊은 동정과 함께 이렇게 말했다. "충분히 자살할 이유가 있군요. 일이 그 지경이 되었다면 살아갈 수가 없지요. 자살해서도 되겠습니다. 그런데 죽기 전에 나를 좀 도와주시고 그 후에 죽으면 안 되겠습니까?"

뜻밖의 요청에 그 청년 신사는 이렇게 말했다.

"뭐, 어차피 죽을 건데……. 죽기 전에 신부님이 필요하다고 하시면 제가 얼마간 신부님을 돕도록 하지요."

결국 신부님의 요청을 수락했다. 그리고 그는 신부님을 도와 집 없는 사람, 불쌍한 사람들을 위해 집 짓는 일에 최선을 다하게 된다. 그렇게 얼마의 시간을 보낸 후에 그 신사는 신부님께 이렇게 고백한다.

"신부님께서 제게 돈을 주었든지, 제가 살 수 있는 집을 지어 주었든지, 위로를 했더라면 저는 아마 자살하고 말았을 겁니다. 그러나 신부님은 제게 아무것도 주지 않았습니다. 오히려 도움을 요청하셨지요. 그래서 제가 누군가를 위해 일을 하는 동안 저는 자신의 가치와 살아야 할 충분한 이유를 찾게 되었고, 다른 사람을 돕고 사는 것이 참다운 행복이라는 것을 깨닫게 되었습니다."

세상에는 '나눔의 행복'을 삶의 최고 가치로 여기며 사는 사람들이 많이 있다. 이 행복 부자들은 은행통장 잔고 보다 영혼의 잔고를 소중히 여기는 사람들로 베풂으로써 더 큰 행복을 맛보는 수지맞는 인생을 살고 있다. 내 것을 나누고 베푸는 것이 더 크게 누리는 지혜로운 삶이다.

3) 세 번째 단계 : 배우며 사는 삶의 의미

눈으로 본 것은 지식이 되지만,

마음으로 느낀 것은 지혜가 된다.

●
●

살아간다는 것은 '배워간다' 는 것을 의미한다. 사람은 배우지 않으면 사람에 이를 수 없는 유일한 동물이다. 오로지 배움만이 사람을 사람답게 만드는 유일한 방법이다. 배움의 목표가 지식함양, 깨달음을 통한 '앎' 이라면 결국, 참 사람은 배움의 정수(精髓)인 지혜에 이른 사람이다.

지혜로운 사람

우리가 끊임없이 추구해야 할 것은 바로 지혜로운 사람이다. 지혜는 지식과 경험의 동화 작용으로 생기는 고차원적인 깨달음으로, 지식의 토양에서 발아한 경험이 자라면서 내뿜는 삶의 향기와 같은 것이다. 이 향기를 발하기 위해 세상 모든 것으로부터 배우려는 적극적인 자세를 견지하는 사람은 현명한 사람이다. 특히, 지혜의 자양분인 과거의 경험을 잘 활용한다면, 미래에 반드시 유용하게 사용할 일이 있다. 최소한 시행착오라도 줄일 수 있다.

그러나 지혜의 원료가 되는 과거(過去)의 경험은 야누스의 얼굴처럼 양면성을 가지고 있어 주의가 필요하다. 과거로부터 경험과 깨달음을 얻기도 하지만, 과거의 그늘에 갇히게 되면 어두운 인생에서 헤어나지 못하는 좌절을 맛보기도 한다.

또한 과거의 경험은 현재와 미래에 닥칠 일들에 대한 판단의 잣대가 되기 때문에 빠른 판단을 내릴 수 있는 장점도 있는 대신에 고정관념이나 아집(我執)의 원인이 되기도 한다. 내가 과거로부터 무엇을 택하느냐에 따라 과거의 가치가 달라지는 것이다.

지혜로운 사람은 과거로부터 취해야 할 것과 버려야 할 것을 명확히 구분할 줄 아는 사람이다. 과거(過去)는 '이미 지나간 때'와 '지나간 일'이라는 두 가지 의미를 담고 있다. '지나간 때'를 통해 나이 지긋함을 얻고, '지나간 일'을 통해 경험을 얻는다. 과거에서 얻어야 할 것은 경험 속에 숨은 지혜다. 그리고 나머지는 모두 버려야 한다. 그렇지 않으면 과거의 기억에 갇혀 사고가 편협해지고 창의적인 발상에 장애가 생기기 시작한다. 과거를 자꾸 돌아보면 앞의 미래가 틀어진다.

과거의 일은 이미 존재하지 않는 죽은 시간의 사건이다. 죽은 것에 더 이상 바랄 것은 없다. 특히 과거의 상처, 좌절, 부끄러운 기억들은 배설물을 버리듯 모두 비워 내야 한다. 배설물에 집착하는 것은 어리석은 짓이다. 냄새 나고 부패해 주위 사람들에게까지 악영향을 끼친다. 상처받은 과거는 시간의 무덤에 폐기 처분해야 한다.

반면, 과거의 일에서 체득한 긍정적 깨달음은 지혜가 된다. 일본에서 경영의 신으로 불렸던 마쓰시타 고노스케는 과거의 상처와 좌절의 쓰레기 더미에서 인생의 주옥같은 지혜를 캐내어 오히려 성공의 기회로 삼았다.

"나는 하나님이 주신 세 가지 은혜 덕분에 크게 성공할 수 있었다. 첫째, 집이 몹시 가난했기 때문에 어릴 적부터 구두닦이, 신문팔이 같은 고생을 하며 세상을 살아가는 데 필요한 많은 경험을 쌓았다.

둘째, 태어났을 때부터 몹시 몸이 약해 항상 운동을 했기 때문에 늙어서도 건강하게 지낼 수 있게 되었다.

셋째, 나는 초등학교도 못 다녔기 때문에 세상의 모든 사람을 나의 스승으로 여기고, 누구에게나 물어 가며 열심히 배우는 일에 게을리 하지 않았다."

지혜는 과거에서 얻되, 눈은 항상 미래를 지향해야 한다. 나를 옭아매는 지식이라면 그것도 과감히 버려야 한다. 비워야 새로운 것이 들어찬다. 과거에서 교훈을 취하되, 우리의 눈은 항상 미래를 지향하는 것이 바른 태도다. 과거에서 배우되 과거에 매몰되지 않는 방법이다.

경청하는 사람

지혜로운 사람이 되는 것이 수양(收養)이라면 경청(敬聽)은 타인을 향한 덕(德)이다. 경청은 귀를 기울여 남의 말을 듣는 것인데, 한자 '들을 청(聽)'을 분해해보면 듣는 태도를 정확히 배울 수 있다. 왕(王)의 말을 듣는 것처럼, 귀(耳)를 크게 열고 열 개의 눈(十目)을 뜨며, 마음을 하나(一心)로 집중하여 듣는 것이다.

경청은 타인과의 관계 뿐만 아니라 조직을 이끌어 가는 데 필요한 가장 중요한 태도다. 다른 사람의 마음을 얻고 다른 사람의 지혜를 배울 수 있는 가장 효과적인 방법이기 때문이다. 상대방의 마음을 얻으면 모든 것을 얻을 수 있기에 많은 사람들이 '말 잘하기'에 열광한다. 그래서 기업들도 커뮤니케이션 비용으로 천문학적인 비용을 쏟아 붓고 있다. 하지만, 실패하는 경우가 많은데, 이것은 대화(對話)의 본질을 놓치고 있기 때문이다. 대화는 기본적으로 상대방과 나누는 이야기인데, 상대방의 생각을 무시한 채 내 메시지만 일방적으로 전달하려 들기 때문에 소통하지 못하고 불통상태를 초래하고 만다.

대화의 목적은 나와 상대방의 마음이 서로 통하는 것이다. '동의보감'에 이르기를 '통즉불통 불통즉통(通則不痛 不通則痛)'이라 했다. '통(通)하면 아프지 않고, 아프면 통(通)하지 않은 것이다'라는 뜻이다. 서로 얘기가 통해야 건강한 관계를 유지할 수 있다.

「건강한 대화」를 하기 위해서는 먼저 상대방의 마음을 읽을 수 있어야 한다. 그 방법이 바로 경청이다. 대화의 Give & Take가 중요하다. 만사가 그렇듯, 내가 먼저 상대에게 마음을 열어야 상대방도 내게 마음을 열게 된다. 먼저 받고 나중에 돌려 주겠다는 Take & Give의 생각은 대화에서도 잊는 게 좋다.

경청의 구체적인 적용 방법으로. 세계 석학들이 제시한 커뮤니케이션 〈7 : 3 법칙〉을 알아두면 유익하다. 가장 효과적인 커뮤니케이션 방법으로 "대화를 할 때 상대방이 70%를 얘기하게 하고, 나는 30%만 얘기하라"는 것이다. 말을 적게 하는 것이 상대방의 마음을 얻는 최고의 방법이라는 것으로, 귀가 두 개이고 입이 하나인 창조적 이유도 발견할 수 있다.

대화에서 내 몫인 30%를 어떻게 구성할 것인가도 생각해 볼 문제다. 이에 대한 힌트는 UCLA 교수 앨버트 메라비언이 주창한 '메라비언 법칙'에서 얻을 수 있다. 어떤 사람이 말을 했을 때, 그로부터 받는 인상과 메시지의 이해는 자세와 용모, 복장, 제스처에서 55%, 목소리 톤이나 음색에서 38%, 그리고 내용이 7%의 순이다.

결국 대화는 내용보다 전달하는 태도와 마음이 훨씬 중요하다는 얘기다. 그래서 경청은 귀로 듣는 게 아니라, 몸으로 듣고 마음으로 듣는 것이다. 진심이라는 다리가 먼저 두 사람 사이에 놓여져야 내용이라는 메시지가 건너갈 수 있다는 얘기다.

진심이라는 다리가 놓여지기 위해서는 때로 침묵도 필요할 때가 있다. 말을 하려거든 최소한 침묵보다 낫게 해야 하는 이유다. 그렇게 하지 못할 바에야 차라리 침묵이 낫다. 그리고 말을 했다면 행동으로 그 말을 증명해야 한다. 말은 꽃일 뿐이요, 실천이 그 열매이기 때문이다. 사람들은 그 열매인 실천에 마음이 움직인다.

성경 잠언에 "말이 많으면 허물을 면하기 어려우나 그 입술을 제어하는 자는 지혜가 있느니라"는 말씀도 있다. 할 수 있다면 내 말을 줄이고 상대방의 말을 최대한 들어라. 많이 듣는 것이 가장 말 잘하는 방법이다.

향기나는 사람

모든 생명체는 혹독한 환경에 처하면 강한 생명력을 보인다. 추운 겨울을 보낸 봄꽃들이 더 진한 색과 향기를 내뿜는 것과 같다. 사람도 상처와 시련이 많을수록 빨리 성숙하고 깊어진다.

진한 향기를 담고 있는 사람들의 대부분은 꾸밈없는 담백한 말과 사려깊은 마음 그리고 흔들리지 않는 원칙을 흐르는 물처럼 부드럽게 다룰 수 있는 사람들이다.

인품은 '사람의 품격이나 됨됨이'로 후천적인 노력으로 꽃피울 수 있는 '사람의 향기'다. 꽃들이 다 제각각의 모습으로 다른 향기를 품고 있듯, 사람도 제각각의 다른 삶을 통해 만들어진 은은한 향을 갖게 된다. 태어날 때는 무색무취였던 것이 환경과 마음가짐 그리고 삶의 태도에 따라 자기만의 향기를 지니게 된다. 한 자락의 바람이 꽃을 지

나오면 황홀한 향기를 품고 있듯, 짧은 만남에도 진한 여운을 남기는 사람이 아름다운 사람이다.

실패를 해도 좌절하지 않고 다시 일어서는 불굴의 향기, 인생을 송두리째 불태울 만한 열정의 향기, 속단하지 않고 상대방을 배려할 줄 아는 성숙의 향기, 편법과 반칙하지 않는 정직한 노력이 꽃피우는 땀의 향기, 그리고 넓은 마음으로 다른 사람을 포용하고 베풀 줄 아는 사랑의 향기를 가진 사람들이 바로 좋은 인품을 가진 사람들이다.

사람의 향기는 이렇게 겉 모양에서 나오는 것이 아니라, 속 모양에서 나온다. 또 속모양은 사람의 겉모양도 변화시키는 힘이 있다. 인상(人相)이나 태도(態度)가 바로 그것이다.

겉모양이 그릇에 속한다면, 내용물은 속 모양이다. 모든 가치는 겉에 있지 않고 담긴 내용이 결정한다. 투박한 질그릇이라도 보석을 담고 있으면 보석함이다. 무엇을 담고 살 것인가를 고민해야 하는 이유가 바로 여기에 있다.

마음에 담아서는 안 될 5가지가 있다.

① 자만(自慢)

가치 있고 성취하는 삶을 살기 위해 자부심은 꼭 필요하다. 하지만, 이것이 넘쳐 남에게 자랑하고자 한다면 자만심이 된다. 자부심은 겸손에 속하고, 자만심은 교만에 속한다. 교만은 모든 패망의 지름길이다. 그래서 사람은 겸손한 자세로 지속적으로 배워야 한다.

② 과욕(過慾)

욕심이 죄를 낳고, 장성하여 죽음에 이르게 된다. 이를 경계하라는 의미로 우리 선조들은 계영배(戒盈杯)를 만들어 교훈으로 삼았다. 술이 70% 가량 차면 모두 밑으로 새 버리는 구조의 계영배는 과욕이 필연적으로 부르게 되는 불행을 경계하라는 교훈의 잔이다.

③ 분노(憤怒)

분노는 응어리진 마음에서 나온다. 우리 몸에 응어리진 부분이 있으면 저리고 아프듯이, 마음의 응어리도 통증을 유발한다. 그래서 마음의 평화는 사라지고 전쟁터가 되고, 결국 복수까지 생각하게 된다. 마음이 지옥이 된다. 이 응어리진 마음을 푸는 해독제는 '용서' 다.

④ 편견(偏見)

편견은 한쪽만 바라보는 것을 말한다. 사람이 본래 두 눈을 가지고도 하나의 사물에만 초점을 맞추는 구조를 가졌으니 한쪽만 바라본다는 것은 어찌 보면 당연한 일이다. 그래서 의식적인 노력 없이는 자신이 가진 편견의 벽을 넘기 힘들다. 그 의식적인 노력의 하나로 '다양성'을 인정하는 노력이 필요하다.

⑤ 좌절(挫折)

하늘의 제왕인 독수리도 날개가 꺾이면 날지 못한다. 정글의 왕인 사자도 의기(意氣)가 꺾이면 한 발자국도 움직일 수 없다. 사람도 마찬가지다.

제아무리 잘난 능력자도 좌절의 멍에를 둘러메고서는 아무 일도 이룰 수 없다. 그래서 경계해야 할 일 중 하나가 좌절이다.

세계를 변화시킨 사람들도 예외는 아니다. 발명왕 에디슨은 초등학교 시절 우둔한 학생으로 담임선생님에게 낙인이 찍혔던 사람이고, 베토벤이나 루치아노 파바로티도 그의 음악 선생님으로부터 "자네는 음악적 재능이 없으니 다른 일을 알아보라."는 혹평을 받았던 사람이었다.

또한 위대한 정치가 윈스턴 처칠도 초등학교 때 1년을 낙제해 동기생들보다 1년 늦게 졸업해야 했다.

그 외에도 좌절하고 포기할 만한 상황에서 인내하고 견뎌 자신의 목표를 성취한 사람들은 수없이 많다.

좌절은 환경이나 타인의 비난에서 오는 것이 아니라, 나의 마음이 두려움에 굴복할 때 온다. 두려움은 상상 속에서 커지는 속성이 있다. 사자의 심장으로 덤벼들어라. 좌절을 좌절시켜라.

3부

비전과 목표는
실행하는 자의
것이다

1. 인생을 움직이고 세상을 움직여라

인생은 자신을 찾는 과정이 아니라
창조하는 과정이다.

•
•

　가치 있는 삶, 후회 없는 삶을 위한 비전 수립과 목표 설정 그리고 실천 전략 및 실천 방법에 대한 얘기가 모두 끝났다. 이제 남은 것은 인생 나침반인 비전을 실생활에 적용하는 일이다. 아니, 삶 전체가 비전 성취의 과정이 되도록 인생의 방향을 통째로 수정하는 일이다. 과거의 후회 습관을 통째로 들어내고 그 자리에 새롭게 설계한 보람 습관, 성취 습관, 행복 습관을 채워 넣는 일이다.

　인생에서 가장 긴 여행 중 하나가 머리에서 가슴까지의 여행이라고 한다. 지식이 지혜로 바뀌기까지 많은 시간과 깨달음이 필요하다는 의미다. 그리고 또 하나의 긴 여행이 가슴에서 발까지의 여행이다. 모든 것을 알고 깨닫는 지혜가 있더라도 그것을 실천하기까지는 또 다른 난관이 있다는 얘기다.

그래서 약 3% 정도의 사람만이 알고 깨달은 것을 실천하며 살아간다. 바로 이 행동하는 3%의 사람들이 자신의 인생을 움직이고 세상을 움직여 나간다.

인생은 평등하다. 평등하지 않다고 생각하는 나약한 시각만 있을 뿐이다. 누구에게나 주어진 하루 24시간이 동일하기 때문이다. 또 원하는 것을 성취할 수 있는 기회도 동일하게 주어진다.

그래서 인생의 성패는 오직 마음먹기에 달려 있다. 더 행복해지고, 더 보람된 인생을 살아가기로 결심하고 실천을 다짐하면, 그 순간 행복한 성공의 문이 열리기 시작한다. 실천은 운명을 바꾸는 기적같은 힘이 있기 때문이다.

이제 인생 나침반인 비전의 길을 걸어가자. 매일 그날이 그날인 것처럼 맥 풀린 일상을 끊어내고 매일 새롭게 떠오르는 태양처럼 뜨겁게 살아가자. 희망과 보람, 성취를 위한 행복한 여정을 시작하자. 우리가 보내는 이 순간은 다시 돌아오지 못할 내 인생의 소중한 삶의 조각들이 아닌가.

2. 속도 보다는 멈추지 않는 끈기가 중요하다

비전과 꿈은 인내의 보자기에 싸여진 보물이다.

비전과 목표를 구체적인 계획서로 만든 사람은 전체 인구의 약 5% 정도에 불과하다. 그러나 그 사람들의 95%는 자신의 목표를 성취한다는 조사 결과가 있다. 우리는 각자의 비전과 목표를 이미 세운 사람들이다. 이제 실천을 결단하고 새롭게 출발하면 된다.

그런데 나머지 5%의 사람들은 왜 목표점에 도달하지 못하는 걸까. 아마도 그 이유는 비전 성취의 여정에서 필연적으로 겪게 될 어려운 상황들에 대해 무지했든지 아니면, 인내심과 목표에 대한 의지가 부족했기 때문일 것이다. 이 5%에 속하지 않기 위해 우리가 걷게 될 비전 성취의 길을 먼저 조망해 보자.

비전 성취의 여정은 달리기보다는 걷기에 가깝다. 그래서 스피드 보다는 멈추지 않는 끈기가 더 중요하다. 세간에 잘 알려진 성공 법칙

중에 '1만 시간의 법칙'이 있다. 미국의 신경과학자인 다니엘 레비틴 박사가 주장한 것인데, "어느 분야에서든 세계 수준의 전문가가 되기 위해서는 1만 시간의 꾸준한 연습이 필요하다"는 것이다.

1만 시간을 이해하기 쉽게 환산해 보면, 하루에 대략 2.7시간, 일주일에 약 18.9시간씩 10년을 꾸준히 연습해야 한 분야에서 세계적인 수준의 전문가가 될 수 있다는 말이다. 10년 동안 매일, 그리고 꾸준하게 계획한 일정량의 일을 계속 반복해야 한다는 것은 보통 일이 아니다. 그래서 자신이 좋아하는 일을 선택한 사람들이 세계적 수준의 전문가가 될 확률이 높은 것이다.

비전 달성의 과정도 이와 유사하다. 끊임없는 도전과 반복되는 연습 그리고 멈추지 않는 끈기가 평생 지속되어야 원하는 삶을 살아갈 수 있다. 비전 수립 시, 세 단계를 거쳐 꼼꼼하게 비전을 만들었던 이유가 여기에 있다.

먼저, '내가 하고 싶은 일'을 선택함에 따라 기본적인 흥미와 자발성을 유지할 수 있고, '내가 잘할 수 있는 일'을 선택했기에 해낼 수 있다는 확신과 자신감을 지켜 나갈 수 있다. 그리고 '내가 해야 할 일'을 통해 타인과 사회 발전에 이바지하는 존재로서 자존감과 함께 자부심을 느낄 수 있다. 바로 이 세 단계 비전 만들기 프로세스를 통해 완성도 높은 비전이 만들어진 것이다.

그러나 이렇게 만들어진 비전이라도 눈과 마음에 깊이 각인되지 않으면 곧 일상의 바쁨에 묻히고 만다. 그래서 비전을 시각화한 〈비전선언서〉와 〈비전실천 총괄계획서〉는 반드시 눈에 잘 띄는 곳에 붙여 놓아야 한다. 그리고 자신의 비전을 다른 사람들에게 선포해야 한다. 이 과정을 통해 비전이 더 큰 생명력을 얻게 된다.

지금까지 필자가 경험하기로는 인생을 자기주도하에 가치있게 살아가는 사람들을 살펴보면, 선천적으로 똑똑하고, 총명하며, 빠르고 강한 사람 그리고 가정환경이 좋은 사람들보다는 오히려 후천적인 노력으로 어려운 환경을 딛고 이겨낸 사람, 넘어질 때 마다 다시 일어서는 불굴의 의지를 가진 사람들이 압도적으로 많았다. 비전과 꿈은 그것을 품은 사람들을 혹독하게 다루는 특성이 있기 때문이다.

명품 인생을 빚기 위해서는 높은 고열과 같은 시련에 당당하게 맞서야 한다. 그 과정이 있어야 더 맑고 깊은 색감과 높은 강도를 가진 인생이 된다. 그래서 마지막 이 세상을 떠날 때, 웃으며 "이만하면 됐다." 라고 말할 수 있는 후회 없는 인생이 되는 것이다.

3. 하루하루는 당신에게 기회의 시간이다

무엇인가를 성취하는 가장 좋은 방법은
바로 지금 그것을 시작하는 것이다.

후회하지 않을 삶을 살기 위해서는 내가 원하는 인생을 살아가면 된다. 그 방법은 나의 비전과 원칙을 준수하며 목표한 바를 지속적으로 좇아 사는 삶이다.

후회는 돌이킬 수 있을 때 의미가 있다. 그러나 가장 큰 후회는 대부분 죽음을 바로 앞둔 시점에서 만나게 된다. 그래서 임종의 순간을 늘 염두에 두고 사는 사람은 미래의 후회를 보람으로 대체시켜 나갈 수 있는 지혜를 가진 사람이다.

그 동안 전 세계적으로 임종을 앞둔 사람들의 고백을 엮어 출판한 책들이 많이 있었다. 동서양 사람들 수천 명이 남긴 애틋하고 절절한 후회의 독백을 다섯 가지로 간추려 보면 다음과 같다.

첫째, 꿈을 갖고 더 가치 있는 삶을 살았더라면……

둘째, 일하는 데 너무나 많은 시간을 쏟지 않았더라면……

셋째, 가까운 사람들을 더욱 사랑했더라면……

넷째, 감정을 더 잘 컨트롤했더라면……

다섯째, 좀 더 행복하게 살도록 노력했더라면……

우리가 만든 비전에는 이 모든 항목이 핵심 가치로 들어가 있다. 얼마든지 우리의 노력으로 후회를 줄일 수 있다는 얘기다. 우리가 삶의 길이는 조절할 수 없지만, 삶의 질과 깊이 그리고 행복의 수준은 스스로 조절할 수 있다. 인생의 행복은 내 앞에 어떤 일이 생기느냐에 따라 결정되는 것이 아니라, 내가 그 상황에서 어떤 태도를 취하느냐에 달려 있기 때문이다.

사람들은 대부분 인생이 짧다고 생각하기 때문에 순간에 만족하는 본능적인 삶을 택하는 경향이 있다. 그래서 장기 적금보다 복권을 선호한다. 하지만, 인생의 만족과 행복은 일확천금과 같은 행운에서 얻어지는 게 아니라, 가치있는 삶을 살기 위해 비전을 정하고 또 목표를 세워 끊임없이 노력하고 도전하는 과정에서 얻게 되는 정직한 땀의 산물이다.

세계적인 임상심리학자인 브레즈니츠 박사는 인간의 삶에서 계획과 목표 그리고 달성에 대한 인식을 실험한 결과를 발표한 바 있다. 이 실험은 이스라엘 육군 훈련병을 4개 조로 나누어 완전군장으로 20km를 행군하는 과정과 반응을 관찰한 내용이다.

1조에게는 출발 전에 행군 거리를 미리 알려 주고, 매 5km마다 남은 거리를 알려 주었다.

2조에게는 그냥 먼 거리를 행군한다고만 알려 주었다.

3조에게는 15km를 행군한다고 알려 주고, 출발한 후 14km 지점에서 20km로 행군 거리를 연장한다고 말했다.

4조에게는 출발 전에 25km를 행군한다고 말했다가, 14km 지점에서 20km로 그날의 행군 거리를 단축한다고 발표했다.

브레즈니츠 박사는 이 실험을 통해, 각 조의 병사들이 상황 변화에 따라 받는 스트레스의 양을 측정했다. 먼저, 20km의 행군이라는 정확한 거리와 중간 중간 남은 거리를 정확하게 알려 주었던 1조가 가장 작은 스트레스를 받았으며, 행군 거리를 모르고 실험에 임했던 2조가 가장 많은 스트레스를 받았다. 그런데 그 결과 중, 의외의 내용이 하나 있었다. 예정된 거리보다 짧게 행군한 4조가 예정된 거리보다 더 길게 행군했던 3조보다 훨씬 더 많은 스트레스를 경험했다는 것이다. 당초 계획한 것에 미치지 못한 결과로 인한 스트레스가 신체의 편함보다 더 크다는 것을 의미한다.

이 결과를 통해 유추해 볼 수 있는 것은 사람들이 '미래의 불확실성에 대해 가장 큰 스트레스를 받는다' 는 것과 당초 '계획이나 목표에 미달한 결과가 또 다른 스트레스를 낳는다' 는 것이다.

인생도 마찬가지다. 내 인생의 여로를 명확히 알고 가는 것과 모르고 가는 것은 스트레스를 받는 양과 질에서도 큰 차이를 나타낸다. 그리고 삶의 내용에 있어서도 명확한 목적과 목표가 있다면 본능적으로 그것을 추구하기 때문에 열정적으로 살아가게 된다. 보다 보람있고 행복한 인생을 살아가게 되는 것이다.

우리가 만든 비전은 자신의 정체성과 인생철학 그리고 삶의 가치들을 형상화한 목표들로 구성되어 있다. 삶의 가치를 높이고, 주위 사람들과 나눌 행복도 곳곳에 녹아 있다. 무엇보다도 자신에게 꼭 맞는 스타일의 행복한 삶이 오롯이 살아 있어 후회 없는 삶을 살아갈 수 있다.

이제 희미하던 인생이 뚜렷한 모습으로 눈 앞에 펼쳐지고, 가슴 설레는 계획들이 실현되기를 기다리고 있다. 하루하루가 기회의 시간이다. 생각이 행동을 바꾸고, 실천이 인생을 바꾼다. 나의 삶은 내가 만들어 간다. 이제 시작이다.

모두가 비전을 함께 하는 그날까지

비전이 바로 서야 인생이 바로 선다!

비전을 가진 사람은 눈빛과 태도부터 다르다. 삶의 목적과 목표 그리고 자기 정체성이 분명하기 때문이다. 그런데 요즘 세대는 꿈꾸는 법을 잊은 것 같다. 그도 그럴 것이 학창시절, 학교와 학원에 생각과 몸이 매인 아이들에게 꿈이라는 존재는 잠자리에서나 만나 볼 수 있는 하나의 현상일 뿐이다. 미래의 꿈은 자연스럽게 엄마 아빠가 바라는 직업이 된다.

하지만 인생은 비전의 그림자다. 자신의 실체를 만들어 가는 비전이 없다 보니 많은 사람이 타인이 바라는 대로 살아가고 있다. 그래서 자존감도 높지 않고, 인내심도 약하다. 참고 견뎌야 할 이유도 없다. 이렇게 살다 보면, 의미 없이 왔다 가는 인생이 될 수밖에 없다.

나를 포함한 모든 사람이 얼마나 귀한 존재들인가. 이유를 곰곰이 생각해 봤다. 다양한 이유가 있지만, 가장 근원적인 문제는 비전과 꿈의 부재라는 결론에 이르게 되었다. 그래서 대학생이나 신출내기 사회 초년생 그리고 비슷한 연배에 이른 사람들에 이르기까지 많은 사람에게 자신의 꿈(Vision)에 대해 물어 보았다. 그랬더니 소수의 몇몇 사람을 제외한 거의 대부분의 사람들이 현실과의 갭(Gap)만 확인하는 듯 불편해 했다. 그러면서도 "꿈(Vision)을 갖고 사는 것은 좋은 것"이라고만 했다.

"비전이 무엇이라고 생각하세요?"
"어릴 적 꿈은 뭐였나요?"
"어떻게 비전을 가질 수 있는지 아시나요?"
"비전을 수립하고 실천할 수 있는 방법이 있다면 알고 싶으세요?"
나의 질문에 그들은 모두 "그렇다!"고 했다. 그래서 몇 년 넘게 이 책의 집필을 붙잡고 놓지 못했다. 이것은 '비전 수립에 대한 구체적인 방법을 알려 주겠노라'고 말했던 수많은 사람들과의 약속이기 때문이다. 그리고 내 비전에 대한 약속 때문이다.

인생을 살아가면서 점점 많은 생각을 하게 된다. 세상에는 참 능력

있는 사람들도 많고 배울 만한 인격을 가진 사람들도 많다는 사실이다. 그래서 이 책을 집필하는 내내 나의 미천한 경험이나 생각을 수많은 사람 앞에 내어 놓는다는 게 부담으로 다가오기도 했다. 하지만, 혹시라도 이 책을 통해 더 나은 세상을 살다 갔노라고 말할 수 있는 바로 그 한 사람이 있을 수 있다는 생각에 졸작을 탈고까지 했다.

이 책이 나오기까지 기도로 후원해 주신 많은 분들께 감사한다. 특히, 아들을 위해 늘 기도해 주신 부모님께 사랑과 존경의 마음을 전한다. 그리고 늘 변함없는 순종으로 섬겨 주는 나의 사랑하는 아내 김경선 그리고 잘 자라고 있는 가은, 현성, 성은에게도 고마움을 전한다.

그리고 이 책이 세상에 나올 수 있도록 많은 조언과 격려를 아끼지 않으셨던 이내화 선생님, 출판의 모든 과정을 꼼꼼히 챙겨주신 모아북스 이용길 대표님과 김형옥 실장님께도 감사의 마음을 전한다.

무엇보다도 나에게 새로운 삶을 주시고, 희망과 보람으로 주신 사명을 감당할 수 있도록 이끌어 주시는 하나님께 모든 영광과 존귀를 돌린다.

참고 서적

젊은 그리스도인의 비전찾기 / 이의용 박사 / 기독신문사

비전으로 가슴을 뛰게하라 / 켄 블랜차드, 제시 스토너 / 조천제 역 / 21세기 북스

14살, 그때 꿈이 나를 움직였다 / 최정화 / 다산에듀

영혼의 창 / 켄 가이어 / 윤종석 역 / 두란노

나이테경영, 오래 가려면 천천히 가라 / 츠카코시 히로시 / 양영철 역 / 서돌

소셜애니멀 / 데이비드 브룩스 / 이경식 역 / 흐름출판

살아있는 역사 / 힐러리 로댐 클린턴 / 김석희 역 / 웅진지식하우스

편지가게 / 기타가와 야스시 / 나계영 역 / 살림

처음처럼 / 이순창 목사 / SNS미디어

우물과 두레박 / 이병국 / 심경출판사

나는 나무처럼 살고 싶다 / 우종영 / 중앙M&B

성공하는 사람들의 7가지 습관 / 스티븐 코비 / 김경섭 역 / 김영사

백만불짜리 습관 / 브라이언 트레이시 / 서사봉 역 / 용오름

쿠션 / 조신영 / 비전과리더십

삶에게 묻지 말고 삶의 물음에 답하라 / 김영권 / 이덴슬리벨

행복의 조건 / 조지 베일런트 / 이덕남 역 / 프런티어

단순한 기쁨 / 피에르 신부 / 백선희 역 / 마음산책
마쓰시타 고노스케, 길을 열다 / 마쓰시타 고노스케 / 남상진, 김상규 역 / 청림출판
비전에 생명력을 불어 넣어라 / 정철상 / 중앙경제평론사
처음의 마음으로 돌아가라 / 정채봉 / 샘터
꿈꾸는 다락방 / 이지성 / 국일미디어
편지가게 / 기타가와 야스시 / 나계영 역 / 살림
가슴뛰는 삶 / 강헌구 / 쌤앤파커스
생각하라! 그러면 부자가 되리라 / 나폴레온 힐 / 남문희 역 / 국일미디어
탤런트코드 / 대니얼 코일 / 윤미나 역 / 웅진지식하우스
아웃라이어 / 말콤 글래드웰 / 노정태 역 / 김영사

본문 86쪽 〈비전 성취 사칙연산 메커니즘〉 자료는 출처를 확인 못하여 미기재하는 부분에 대해서
독자 여러분의 양해를 구하는 바입니다.

어떻게 삶을 주도할 것인가

초판 1쇄 인쇄 2016년 01월 15일
    1쇄 발행 2016년 02월 02일

지은이   이 훈
발행인   이용길
발행처   모아북스
           MOABOOKS

관리   정윤
디자인   이룸

출판등록번호 제 10-1857호
등록일자   1999. 11. 15
등록된 곳   경기도 고양시 일산동구 호수로(백석동) 358-25 동문타워 2차 519호
대표 전화   0505-627-9784
팩스   031-902-5236
홈페이지   www.moabooks.com
이메일   moabooks@hanmail.net
ISBN   979-11-5849-018-8   13320

· 좋은 책은 좋은 독자가 만듭니다.
· 본 도서의 구성, 표현안을 오디오 및 영상물로 제작, 배포할 수 없습니다.
· 독자 여러분의 의견에 항상 귀를 기울이고 있습니다.
· 저자와의 협의 하에 인지를 붙이지 않습니다.
· 잘못 만들어진 책은 구입하신 서점이나 본사로 연락하시면 교환해 드립니다.

이 도서의 국립중앙도서관 출판예정도서목록(CIP)은 서지정보유통지원시스템 홈페이지
(http://seoji.nl.go.kr)와 국가자료공동목록시스템(http://www.nl.go.kr/kolisnet)에서
이용하실 수 있습니다. (CIP제어번호 : CIP2016000495)

모아북스 는 독자 여러분의 다양한 원고를 기다리고 있습니다.
MOABOOKS
     (보내실 곳 : moabooks@hanmail.net)